60代、ひとり暮らし。

瀬尾幸子さんのがんばらない食べ方

瀬尾幸子

世界文化社

ひとりごはんは たのしい

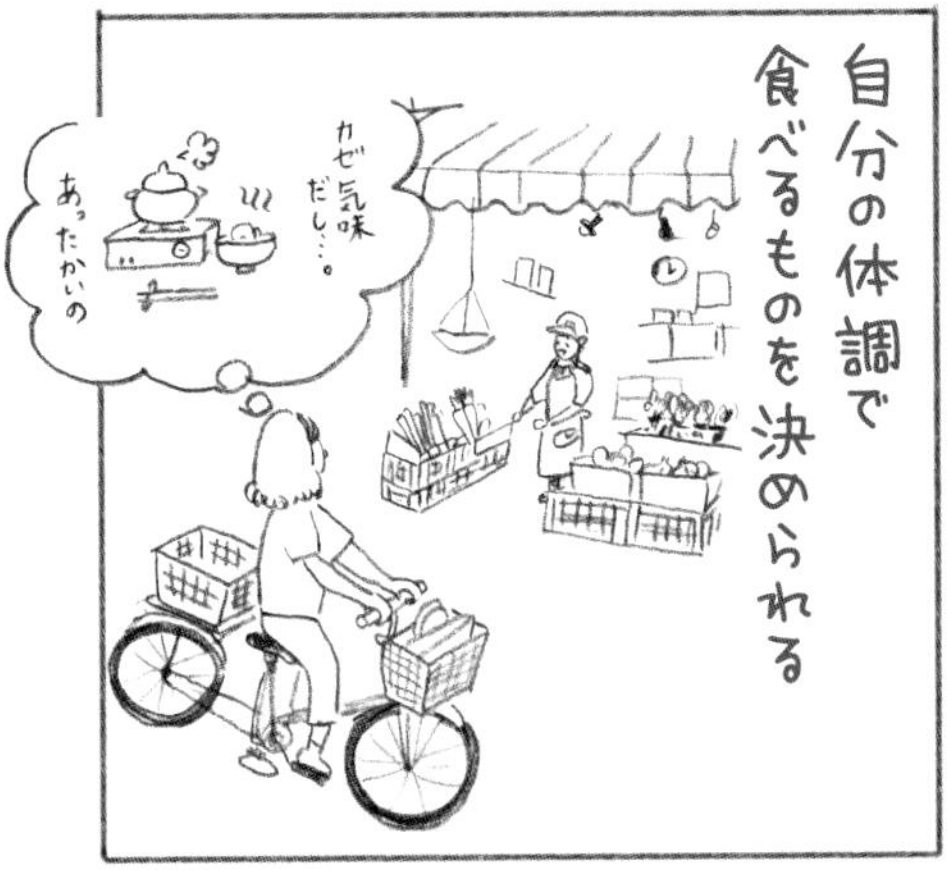

1

2

3

4

ひとりごはん作りは、
元気にやれる日もあれば、力尽きてやり過ごす日もあります。
それに、シニアは今が大事。
自分の時間も楽しみたいから、
料理はがんばりすぎなくていいと思います。
とはいえ、1日3食として
60歳から80歳の誕生日までは2万1900食。
今が、今後を楽しく過ごすための
食事作りを覚えるラストチャンス！
〝おいしく、でもがんばらない食べ方〟を見つけましょう。

瀬尾流ひとりごはんの基本

① 食べたいものを、おいしく食べる

② 手間をかけず簡単に、がんばらない

③ 体にいいものを、まんべんなく

◎もくじ

夏

秋

冬

瀬尾さんの台所メモ

コラム

- ●計量単位は1カップ＝200㎖、大さじ1＝15㎖、小さじ1＝5㎖です。
- ●バターは有塩を使っています。
- ●しょうゆは濃口を使っています。
- ●電子レンジは500wのものを使っています。機種によって違うので、様子をみて加減してください。
- ●電子レンジ調理の際は、耐熱性のふたを使用しています。ふたがない場合は、ラップをふんわりとかけてください。

だしは気楽に。みそはいろいろが楽しい

だしは、顆粒だしだっていい

自分ひとりのために、いつもだし汁は用意することはできないから、そこは潔く、顆粒だしでもいいと思っています。とにかく、作る気になることが大事ですから。顆粒だしの味が強いと感じたら、薄めにして使いましょう。そこはお好みで。

余裕があるときは、昆布やかつお節、煮干しでだしをとって香りを楽しみましょう。冷蔵庫に入れれば数日はもちます。便利なだしパックを利用してもいいですね。

みそは、種類が多いほうが飽きない

みそは、種類によって味や風味が違うから、いくつか常備しておくと、料理の印象が変わってマンネリになりません。みそ汁ももっと楽しめるようになりますよ。

とくに八丁みそ（豆みそ）は使いきれないと敬遠しがちですが、日持ちするし、冷凍もできます。砂糖を加えれば中華料理でよく使う甜麺醤の代わりにもなるから買っておいたほうがいいですよ。できれば白みそもあるといいですね。

春

春は、少し急ぎ足。
気づくともう新もの野菜が出ていて、
うっかりすると店頭からなくなっています。
おいしい季節を逃さず、
かろやかに楽しみましょう。

春。
すべてがおいしそう。
けれど
胃袋はひとつ……。
牛になりたい。

アスパラガスのフライパン蒸し

蒸し焼きのアスパラガスは、目玉焼きと一緒にどうぞ。マスタード、塩も添えて卵とからめながら食べると、マヨネーズみたいな味わいになりますよ。

にんにくが面倒と思うかもしれないけれど、入れたほうが絶対においしくなりますよ。
太いアスパラガスなら、4等分くらいに切って。

せお語録

アスパラガスは
ゆでなくていいと気がついた

蒸し焼きにしたほうがうまみを逃さず、甘みも強くておいしいの。
小さいフライパンでサッと作れるのもいいでしょ。

◎材料（1人分）

グリーンアスパラガス……3本
卵……1個
レモン（くし形切り）……1切れ
にんにく（みじん切り）……小さじ1
オリーブ油……小さじ2
塩・こしょう・マスタード……各適量

◎作り方

1 アスパラガスは、根元の硬い部分の皮をむいて長さを半分に切り、根元の部分はさらに縦半分に切る。

2 フライパンを中火で熱し、オリーブ油、にんにくを入れて炒める。アスパラガスを加えてサッと炒め、水大さじ1（材料外）を加えてふたをして、1分ほど蒸し焼きにする。

3 器に盛り、塩、こしょうをふる。半熟に焼いた目玉焼き、塩少々、マスタード、レモンを添え、一緒に食べる。

ひとこと　アスパラガスは、根元がしっかりやわらかくなっていればOK。

今年も会えたね！

グリーンピースごはん

せお語録

大好きなものは、年に2回でいい

好物ほど、大事に食べたほうがいい。豆が出始めたらすぐに作って、あとは梅雨どきまでにもう1回。季節の味ってそういうものです。

グリーンピースごはんがあれば、それで満足。
おかずはいらないの。
豆を主役にしたいから、たっぷり入れて。

◎材料（作りやすい分量）

米	2合
グリーンピース（さやつき）	350g（正味180g）
だし昆布	3cm四方1枚
塩	小さじ1/2

◎作り方

1 米を研いで炊飯器に入れ、目盛りよりも少しだけ多めの水（材料外）を加える。昆布をのせて、30分〜1時間おく。

2 さやから出したグリーンピースと塩を加えて混ぜ、早炊きモードで炊飯する。

米をしっかり浸水させて、早炊きモードにするのが一番おいしくできると思います。

キャベツとしらすのオリーブオイルあえ

あえ物のような、サラダのような料理です。
キャベツはレンチンすると、
かさが減ってたっぷり食べられるし、甘みが引き出せます。
そこに、しらすの塩けをプラス。
あまり重いものは食べたくないけれど、
なにか欲しいな、というときに、
しらす干しは便利ですね。

仕上げにレモンを搾ると、
いい香り！

◎材料（1人分）

キャベツ……2枚
しらす干し……大さじ山盛り3
青じそ……2枚
塩……小さじ1/6
こしょう・しょうゆ……各少々
レモン汁……小さじ2
オリーブ油……大さじ1
レモン（くし形切り）……1切れ

◎作り方

1 キャベツは幅1cm、青じそは幅5mmに切る。耐熱のボウルにキャベツを入れ、電子レンジで4分加熱する。

2 冷水をかけ、触れるくらいの温度になったら、軽く水けを絞ってボウルに戻す。塩、レモン汁、青じそ、しらす干しを加えて混ぜ合わせる。

3 器に盛ってこしょうをふり、レモンを添え、しょうゆ、オリーブ油をかける。

ひとこと　これを卵と合わせて焼くと、粉なしのお好み焼きになりますよ。

助かる！じゃがいもチヂミ

〝じゃがいもさえあれば〟のお助け料理です。
具は何でもいいし、なしでも案外おいしい。
キムチと豚肉が合うから、
ここではひき肉を入れたけれど、
ハムやベーコンでもいいし、
桜えびやしらすでもいい。
たんぱく質をちょっと入れたいの。
具のボリューム次第で、
おやつにもおかずにもなります。

じゃがいもに具をのせて、埋め込む感じに。

◎材料（1人分）

じゃがいも……2個（200g）
白菜キムチ……50g
細ねぎ……2本
ひき肉炒め（P126参照）……大さじ2
ごま油……大さじ1
ポン酢しょうゆ……適量

◎作り方

1 じゃがいもは皮をむいてすりおろす。細ねぎは小口切りにし、白菜キムチは幅1cmに切る。

2 フライパンにごま油を中火で熱し、じゃがいもを入れて直径14cmくらいに広げる。

3 上に白菜キムチ、細ねぎ、ひき肉炒めをのせ、フライ返しで押しつける。火が通ってきたら上下を返し、両面をこんがりと焼く。皿に盛り、ポン酢しょうゆを添える。

ひとこと　にらや春菊も合いますよ！

ひとり分の調理をラクにするには

オーブントースターをどんどん使うべし

　オーブントースターは、遠赤外線で、高温でカリッとおいしく焼ける優秀な調理器具。私は、塩鮭、鶏肉、野菜の丸焼きから、パン、おにぎり、ベーコンまで何でも焼きます。タイマーで自動的にスイッチが切れるから、うっかり焦がすこともなくて気楽です。

　そうそう、魚を焼いたあとでパンを焼いても、魚臭くはなりませんよ。パンを焼いている間は、パンの中の水蒸気が外へ蒸発するから、臭いはつかないんだそうです。ただし、焼けた後にオーブントースターに入れっぱなしにすると臭いはつくのでご注意を。

道具は小さく！

　フライパンも鍋もフライ返しも、小さいもので足ります。小回りがきいて調理がしやすいのです。おすすめは小さいマッシャー。力が入れやすくて、ポテトサラダ作りが楽しくなります。道具を見直してみましょう。

調味料の種類は少なくていい

　最近、料理は塩、しょうゆ、砂糖さえあればいいと思うようになりました。日々のごはんは、〝お祭り〟みたいな料理じゃなくていい。慣れた調味料で繰り返し作れる、シンプルな味のほうが疲れません。同じ味つけでも具が変わると味は変わるから、案外飽きませんよ。

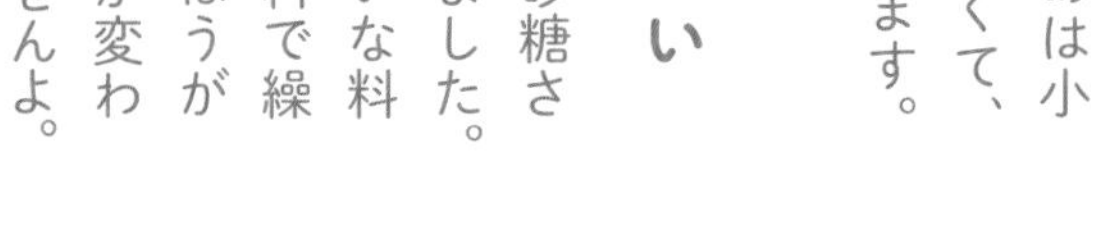

電子レンジを味方につけて

電子レンジは、量が多いと加熱時間がかかりますが、ひとり分の調理にはちょうどいい。私は、あさりの酒蒸しも煮魚も電子レンジで作ります。野菜の下ごしらえにも便利ですね。耐熱性のふたを用意しておくと、ラップを使う必要もなくていいですよ。

レシピは目安。自由に考えて

レシピは一つの目安、食べ方の提案ですから、アレンジをしてもいいんです。気に入ったレシピが見つかったら、違う野菜で作ったり、肉と魚を替えてもいい。そうすると、冷蔵庫にあるもので気楽に料理が作れるようになって、レパートリーが増やせますよ。

市販品も積極的に活用。はしょれるところは、はしょっていい！

調理の手間と時間、火加減などを考えていると、ごはん作りがおっくうになりますよね。不本意なものは食べたくないけれど、全部きちんと作るのは面倒。だから、一品の手間はできるだけ減らすほうがいいのです。

そのための一つの方法が、市販品の活用です。例えば、南蛮漬けの気分でも揚げ物までする元気はないというときは、から揚げを買ってきて南蛮酢だけ作ったり、手作り餃子の具の野菜は市販の漬物にしちゃったり。はしょれるところは、はしょって、おいしいものを食べましょう。

ひとりのくふう

新玉ねぎが出始めたら、すぐに甘酢漬けに

新玉ねぎは、フレッシュで辛みがなくておいしいですよね。出回り時期が短いから、見つけたらすぐに甘酢漬けにします。ピンとこないかもしれないけれど、これが意外と便利なの。しゃきしゃきした食感と、甘酢っぱさで、日々のなんてことのない料理に変化がつけられます。

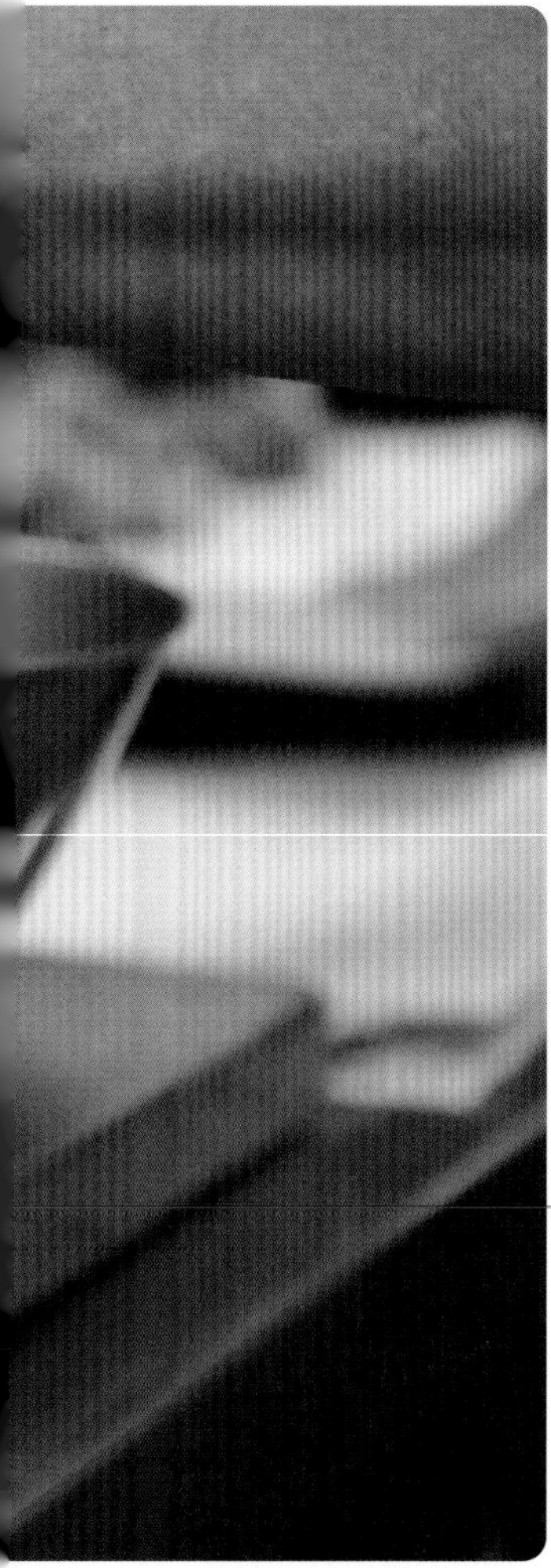

生野菜とあえれば
すぐにサラダが作れるし、
あえ物も簡単です。
肉や魚に添えたり、
麺料理にちょいのせしたり、
サンドイッチに挟んだり……。

新玉ねぎの甘酢漬け 【保存の目安は冷蔵庫で1カ月間】

◎材料（作りやすい分量）

新玉ねぎ……1個（200g）

甘酢

- 酢……1カップ
- 砂糖……大さじ4
- 塩……小さじ1/4

◎作り方

甘酢の材料を混ぜ合わせる。新玉ねぎを薄切りにし、甘酢とともに清潔な容器に入れる。

特別な香りのない穀物酢で作っておくと、和洋中どんな料理にも使えます。

アジアンサラダ

◎材料（1人分）

新玉ねぎの甘酢漬け ……… 1/2カップ
もやし ……… 1/2袋
チャーシュー ……… 3枚（50g）
パクチー（香菜） ……… 適量
A
- 新玉ねぎの甘酢漬けの汁 ……… 1/4カップ
- ナンプラー ……… 小さじ1と1/5
- 赤唐辛子（小口切り） ……… 適量

こしょう ……… 少々

◎作り方

1 もやしは耐熱のボウルに入れ、ふたをして電子レンジで2分強加熱する。出てきた水けをきり、新玉ねぎの甘酢漬けとAを加えて混ぜ合わせ、冷ます。

2 チャーシュー、パクチーは食べやすく切る。1と混ぜ合わせて器に盛り、こしょうをふる。

チャーシューでなく、たれ焼きの焼き鳥でもいいですよ。甘い味つけの肉と合わせるのがおすすめです。

ひとこと レンジ加熱したなす、ゆで牛肉と合わせれば、タイ風のおかずサラダにもなります。

から揚げの南蛮漬け

◎材料（1人分）

鶏のから揚げ（P85参照／市販の惣菜でもよい）……3〜4個

A
- 新玉ねぎの甘酢漬け……1/2カップ
- 新玉ねぎの甘酢漬けの汁……1/2カップ
- しょうゆ……小さじ1
- 赤唐辛子（小口切り）……少々

◎作り方

1 から揚げは、冷めているものはオーブントースターなどでカリッと温める。

2 ボウルにAを入れ、温かいから揚げを加えて混ぜ合わせ、味をなじませて器に盛る。

余裕があったら、から揚げを作ってアツアツで作るのがおすすめですが、買ってきたから揚げや、魚のフライでもおいしくできますよ。

ひとこと　あれば、細ねぎ、みょうが、セロリの葉などをプラスしても。

焼肉のゆで野菜包み

せお語録

この年になったら、たくさん食べていいのは野菜なの

脂っぽい肉は重いから、野菜も一緒にとれる食べ方に。肉の量は、その日の体調や食欲に合わせて決めればいいのです。

肉と同じくらいか、それ以上に野菜をとるようにしています。だから、野菜をたっぷりと。生野菜ではなく、ゆで野菜というのがポイント。

好きな香り野菜と一緒に

◎材料（1人分）

牛焼肉用	80～100g	細ねぎ	2本
キャベツ	2枚	サラダ油	少々
青じそ	6枚	白ごま	適量

市販の焼肉だれは甘いし、余ってしまうから、ササッと作れる自家製だれで。

焼肉のたれ

- りんごジュース（またはりんごのすりおろし）・しょうゆ …… 各大さじ1
- 砂糖 …… 小さじ1と1/2
- にんにく・しょうが（各すりおろし）・韓国粉唐辛子 …… 各適量

◎作り方

1 キャベツはゆでるか、電子レンジで4分加熱し、冷ましておく。細ねぎは長さ4cmに切る。

2 フライパンにサラダ油を中火で熱して牛肉を焼き、混ぜ合わせた焼肉のたれをからめて皿に盛り、白ごまをふる。1と青じそを添え、野菜で牛肉を包みながら食べる。

ひとこと　白菜キムチやコチュジャンを添えてもいいですね。

いんげんと厚揚げの
くたくた煮

厚揚げの油のコクがいんげんをおいしくし、
いんげんの味が厚揚げにしみる。
互いの味でおいしくなる料理です。
いんげんの色がくすんで、
くたくたになるまで煮て欲しい。

せお語録

いんげんの甘みを生かすのは、砂糖が入っていない煮物

調味料は、しょうゆと塩だけ。素材の味が際立っておいしいから、食べ飽きません。

厚揚げがなければ、油揚げでもがんもどきでもいい。

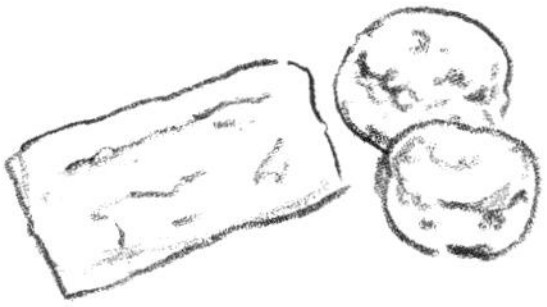

◎材料（作りやすい分量）

いんげん……10本（70g）
厚揚げ……1枚（150g）

煮汁
だし汁……1と1/2カップ
しょうゆ……小さじ2
塩……小さじ1/3

◎作り方

1 いんげんは両端を少し切り落とし、長さを半分に切る。厚揚げは幅2cmに切る。

2 鍋にいんげん、厚揚げと煮汁の材料を入れて中火にかける。煮立ったら落としぶたをして弱火にし、15分煮る。

自分サンドイッチはぜいたくに

サンドイッチは、その日、家にあるものをどんどん挟んで食べればいいのです。
サンドイッチで大事なのは、
具がパンの厚みと同じか、それより厚くなるようにすること。
食パンの厚みはお好みでどうぞ。

◎材料（1人分）

食パン（10枚切り）……2枚
トマト（幅1cmの輪切り）……2〜3枚
レタス……1〜2枚
ベーコン……2枚
スライスチーズ……1枚
塩・マヨネーズ・こしょう……各適量

◎作り方

1 ベーコンはフライパンでカリカリに焼く。トマトはペーパータオルにのせて余分な水分をとる。レタスも水けを拭き、パンの大きさに合わせて折りたたむ。

2 食パンにトマト、レタスをのせ、塩をふる。ベーコンをのせてマヨネーズをかけ、こしょうをふる。スライスチーズをのせ、もう1枚の食パンをのせる。

3 ラップでぴったりと包み、ラップごと半分に切る。

2
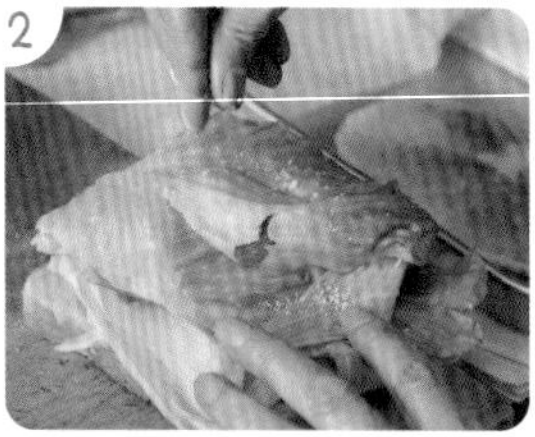

レタスに塩をふると、
口に入れたときに
いい感じに塩けを感じる。

3

マヨネーズをたっぷり
かけて。

4
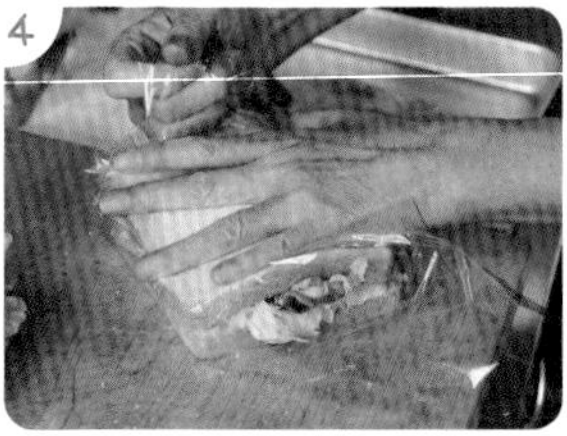

ラップでぴったりと包み、
ラップごと切ると、きれいに
切れる。

大好きなBLTサンド

自分のために作るものだから、
好きなだけレタスを挟みたい。
少なくとも、1組に2枚は入れたい。
ちぎってのせると、
挟んだときにバラバラになりやすいから、
折りたたんで重ねるわけです。

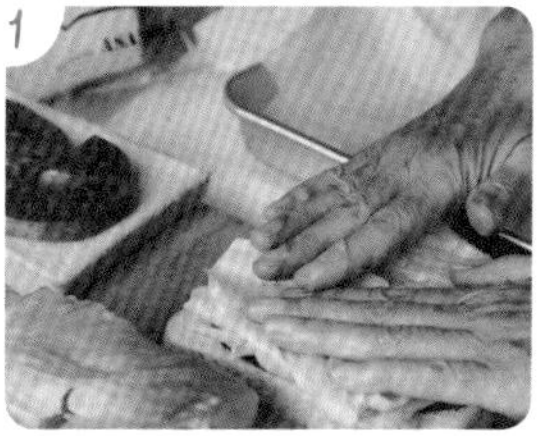

1 レタスはちぎらず、
折りたたむ！

昭和っぽいオムレツサンド

卵焼き器でオムレツを作ると、食パンにぴったりのサイズになって、
パンのはじっこまで卵で埋められるんです。
たっぷり塗ったオーロラソースが、卵とよく合います。

◎材料（1人分）

食パン（8枚切り）……2枚

卵液
- 溶き卵……2個分
- 牛乳……大さじ2
- 粉チーズ……小さじ1
- こしょう……少々

バター……小さじ1

オーロラソース
- トマトケチャップ……大さじ1
- マヨネーズ……小さじ2

◎作り方

1 卵液の材料を混ぜ合わせる。卵焼き器にバターを入れて中火で溶かす。

2 卵液を流し入れ、ゆっくりとかき混ぜ、半熟状になったら半分に折りたたむ。上下を返して弱火にし、中まで火を通す。

3 オーロラソースの材料を混ぜ合わせ、2枚の食パンに塗る。塗った面に2をのせて挟み、半分に切る。

つけあわせには、レンチンしたキャベツをのせて。塩、こしょう、オリーブ油をたらしてレモンを添えれば、簡単サラダになります。

ひとり分の酒蒸しは、電子レンジがお得意

酒蒸しは鍋で、と思い込みがちですが、電子レンジでやってみたら、おいしくできることに気がつきました。

器にあさりと酒を入れてレンジにかければ4分でできあがり。レンジ加熱のほうが身縮みが少ないし、器も温まるから一石二鳥です。

あさりの塩けだけで十分だと思いますが、味をみて足りなければ塩やしょうゆをたらしてください。

日本酒で蒸せば和風、白ワインなら洋風、紹興酒なら中華風とアレンジも自由自在。細ねぎの代わりに、白ワイン蒸しにはパセリやケイパー、紹興酒蒸しには

パクチーを散らすというのもいいですね。

仕上げに油脂をプラスするのもおすすめ。白ワイン蒸しにはバターやオリーブ油が、紹興酒蒸しにはごま油が合いますね。でも、日本酒蒸しにバターもアリですし、白ワイン蒸しにしょうゆをたらす、といった和洋折衷もおいしい。いろいろな食べ方ができるところが、酒蒸しの楽しさ、気楽さです。

あさりの酒蒸し

【材料】作りやすい分量

あさり（砂抜き済み）……100g

酒（または白ワイン）……大さじ3

こしょう・細ねぎ（小口切り）……各適量

【作り方】

耐熱の器にあさりと酒を入れ、ふたをして電子レンジで4分加熱する。こしょうをふり、細ねぎを散らす。

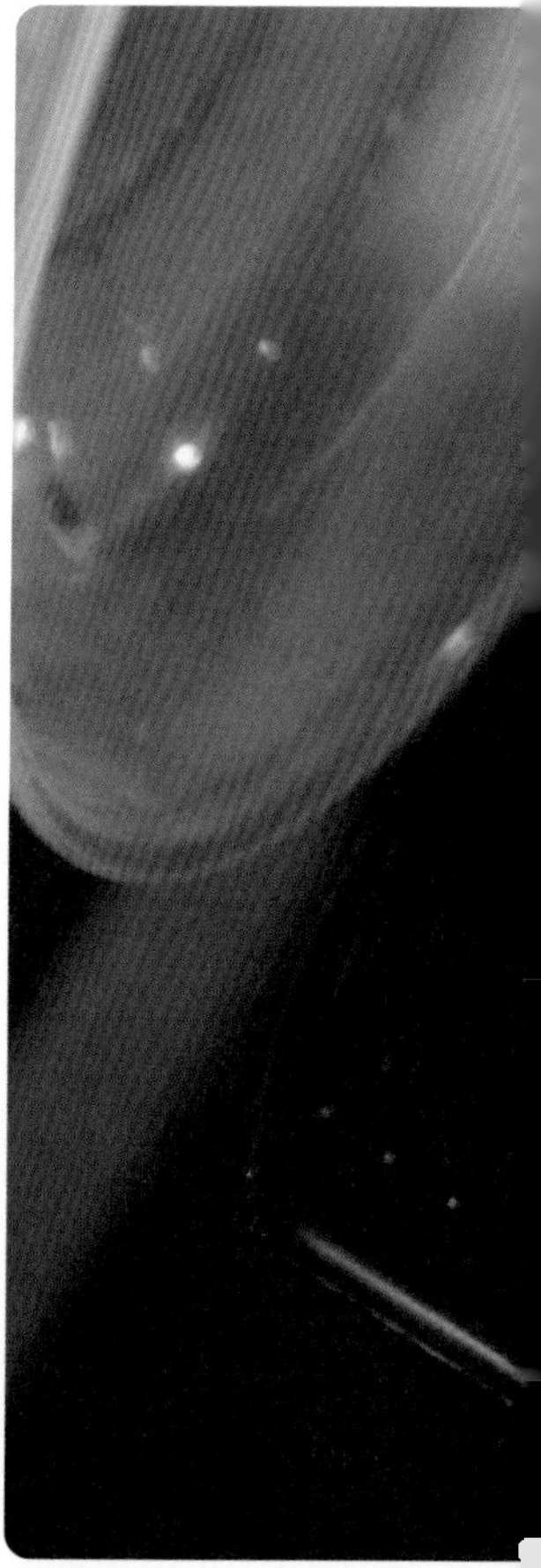

卵1個で作れる茶碗蒸し

茶碗蒸しは、蒸し器がなくても作れます。
卵1個で茶碗蒸しが2個できるから、
1個はできたてを食べて、
もう1個は冷やして翌日食べる。
冷たい茶碗蒸しというのもおいしいものです。
具なしの茶碗蒸しにすれば汁物感覚になって、
それもいいものです。

残りそうな刺身1切れでも、
鶏肉1かけでも、
かにかまやはんぺんでもいい。
三つ葉のような香りのある野菜を
少し入れるのもおすすめです。

◎材料(2個分)

卵液

- 卵……1個
- だし汁(冷たいもの)……2/3カップ〜1カップ
- 薄口しょうゆ……小さじ1
- 塩……小さじ1/4

えび(無頭/むきえびでもよい)……2尾

生しいたけ……1〜2個

三つ葉……適量

◎作り方

1 卵液を作る。ボウルに卵を割りほぐし、だしを加えて1カップにする。しょうゆ、塩を加えて混ぜる。

2 えびは殻と足を取り除く。しいたけは石突きを除き、食べやすく切る。三つ葉は長さ3〜4cmに切る。器に等分に入れて**1**を注ぎ入れ、アルミ箔でふたをする。

3 鍋に湯を沸かし(器の底から高さ4cm程度まで)、いったん火を止めて器を入れる。鍋にふたをして、弱火で8分蒸す。竹串を刺して、澄んだ汁が出れば蒸し上がり。

塩味の
やわらか卵焼き

だし巻き卵はだしの味でしょ。
これは、卵の味がする、卵を楽しむ卵焼き。
ご飯のおかずにもよく合う、
ふだんの卵焼きです。

せお語録

卵にだしはいらない。水でいい！

焼いている間に卵の水分がとぶので、あらかじめ水分を加えたほうがふんわり焼けます。でも、それはだし汁でなくてもいいの、水でいいのです。

◎材料（作りやすい分量）

卵	2個
長ねぎ	10cm
水	大さじ2
塩	少々
サラダ油	大さじ1弱

◎作り方

1 ねぎは粗いみじん切りにする。卵は割りほぐし、水、塩を加えて混ぜ合わせる。

2 卵焼き器にサラダ油を入れて強火にかけ、ねぎを入れてしんなりするまで炒める。

3 卵液の1/2量を流し入れ、ゆっくり大きくかき混ぜて半熟にする。手前に寄せ、残りの卵液を流し入れる。大きく混ぜて半熟になったら半分に折りたたみ、全体に火を通す。上下を返してこんがり焼けばできあがり。

1

2

油が多めのほうが、卵はふんわりする。

3

ずっと強火！
卵を煮立たせて、ふんわり焼く。

できあがり！
温かくても冷めても
おいしい。

ひとこと 卵1個に水大さじ1と覚えて。扱いにくかったら水は小さじ2でも。

小糸ちゃんのにら卵焼き

にら玉をひとり分作ろうとすると、
小鉢程度になっちゃう。
だからキャベツでかさ増しです。
アツアツのにら卵でキャベツが蒸されて
しんなりする、そこもおいしいの。
実は、昔よく通っていた居酒屋さんのメニュー。
お店はなくなってしまったので、
リスペクトを込めた名前にしました。

◎材料（1人分）

卵……1個
にら……1/2わ
キャベツ……1枚
サラダ油……小さじ2
中濃ソース・マヨネーズ・
　かつお節……各適量

◎作り方

1 にらは長さ2cmに切る。キャベツはせん切りにしてサッと洗い、水けをきって皿に敷いておく。卵を割りほぐす。

2 小さめのフライパン（直径18cmくらい）にサラダ油を中火で熱し、にらを炒める。しんなりしたら卵液を流し入れる。

3 卵に火が通ったら皿のキャベツの上にのせ、ソースを塗ってマヨネーズ、かつお節をかける。

キャベツは先に
スタンバイ

1

2

3

卵の火の通し加減は
お好みで。
しっかり焼きたい人は
焼いてもいいですよ。

ひとこと　お好みで、野菜はもっと増し増しにしても！

いわしの手開きを覚えると、なんだかやる気が出る

初夏が近づく頃、いわしの旬を迎えます。
比較的値段が安くておいしい青魚ですが、
なかなか開きでは売っていない。
自分で手開きにしてみましょう。
いわしは身がやわらかく、
骨も細いので案外扱いやすいし、
小骨も一気に取れて食べやすくなります。
なによりうれしいのは、手開きができるようになると、
調理が楽しく感じられること。
魚料理へのモチベーションも上がります。
3尾、4尾くらいやればコツがつかめます。
身がぐずっとなってしまったら、
なめろうや、つみれにすればいいのです。
気楽にやりましょう。

いわしの手開きレッスン

腹の真ん中からスタート。親指の腹を骨から離さないように、骨に沿わせながら腹を開いていく。

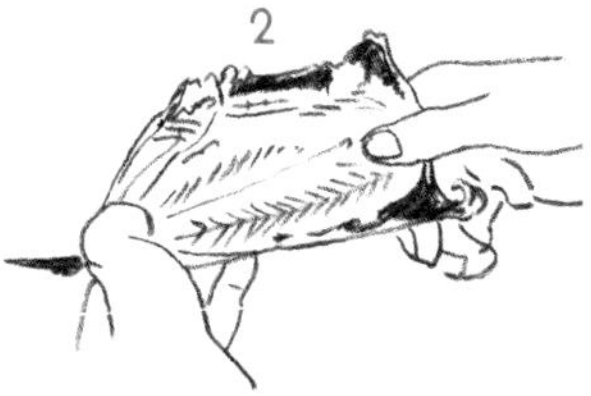

これが開いた状態。ここまでくればもう少し！

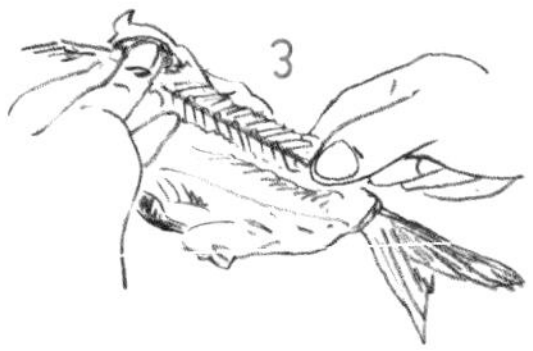

頭側から、骨の下に指を入れてそっとはがす。あとは、両側の腹骨をそぎ取って、開きの完成。

いわしのガーリックソテー

◎材料（1人分）

手開きにしたいわし……1〜2尾
にんにく（みじん切り）……1かけ分
オリーブ油……大さじ1
しょうゆ……小さじ1
こしょう……適量
つけあわせ
ミニトマト……2個
ゆでほうれん草……適量

◎作り方

1 フライパンににんにく、オリーブ油を入れて中火にかける。香りが出てきたらいわしを入れ、両面をこんがりと焼き、器に盛る。

2 半分に切ったミニトマトをサッと炒める。強火にし、しょうゆをかけて火を止める。ほうれん草とともに、いわしに添え、こしょうをふる。

いわしのなめろう

細かく刻んで、長ねぎ、
みそを混ぜればできあがり。
ご飯にのせてお茶漬けにするのも
おいしいですよ。

1
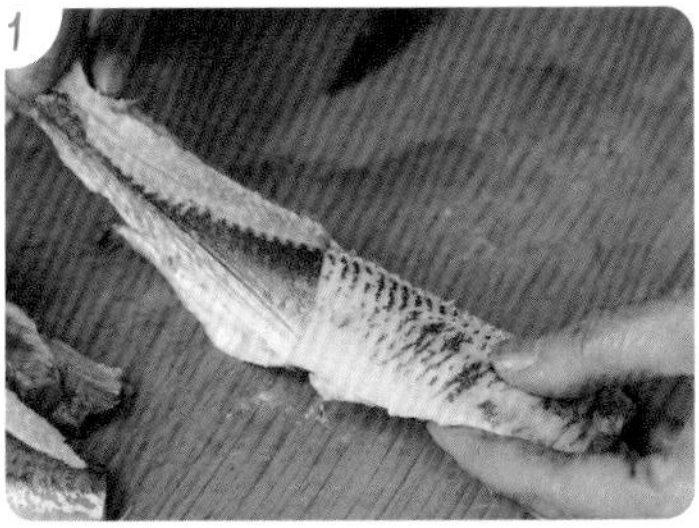

2

◎材料（1人分）

手開きにしたいわし……2尾
長ねぎ……5cm
みそ……大さじ1
青じそ……1〜2枚

◎作り方

1 ねぎはみじん切りにする。いわしの尾を切り落として縦半分に切り、皮をはがす。

2 いわしを大まかに刻み、まな板の上で、ねぎ、みそと混ぜながら包丁でたたいて細かくする。全体にみそがなじめばできあがり。器に青じそとともに盛る。

多めに作って、翌日のお楽しみに

せっかく手開きするんだから、多めに作って翌日食べるのもいいですね。
なめろうを丸めて青じそをはりつけて焼きましょう。
フライパンでもオーブントースターでも簡単に焼けます。
小麦粉を少し混ぜて団子にして、すまし汁に入れるのもおすすめです。

野菜使いのコツ

野菜は、水につけてから冷蔵庫へ

ひとり分の調理では、買ってきた野菜を一度に食べきることはそうありません。やがて野菜は冷蔵庫の中でしんなりして、使いきれないプレッシャーにおびえることになります。でも、冷蔵庫に入れる前に〝水につける〟ひと手間をかけておくと、少し長く鮮度が保てます。すぐに使えるようになるというメリットも。

細ねぎやアスパラガスは立てて水上げ

ねぎや三つ葉など根のついているものや、グリーンアスパラガスは立たせた状態で水につけましょう。このとき、葉から水分が蒸発しないよう、上のほうに袋の一部をかけておくのがポイント。こうすると、野菜が消耗しないで水を吸い上げます。

青菜類は水に浸して

春菊、ほうれん草といった葉ものも、水にしばらくつけると、葉がシャキッとします。水けをきって、ペーパータオルなどで包んで容器やポリ袋に入れて冷蔵庫に入れましょう。レタスも1枚ずつはがして水につけると、シャキッとするし、使いやすくなります。

夏

暑い夏は、うまくやり過ごしながら、
体力維持につとめたい。
夏野菜をたっぷりとり入れながら、
手間はかけずにササッとごはんを。
のんびり家飲みもいいですね。

夏を生きのびる特製野菜スープ

この頃の夏の暑さは耐え難い感じで、やる気も食欲も失せてしまいます。
そんなとき、冷蔵庫に冷たいスープがあれば生きのびられる気がします。
ガスパチョは野菜の栄養と水分がとれる元気の素。
日本のやわらかいとうもろこしは、生のままでスープにできますよ！

ガスパチョ

【保存の目安は冷蔵庫で3日間】

◎材料（作りやすい分量）

トマト	2個（400g）
セロリ	5cm
ピーマン	1/2個
きゅうり	1/2本
玉ねぎ	1/6個（30g）
にんにく	1/2かけ
食パン（8枚切り・ミミつき）	1枚
オリーブ油	大さじ2
酢	大さじ1
塩	小さじ1/2
クミンパウダー（あれば）	小さじ1/4
水	1カップ

◎作り方

材料をミキサーに入れてかく拌する。容器に入れて冷蔵庫で冷たく冷やす。

とうもろこしスープ

【保存の目安は冷蔵庫で3日間】

◎材料（作りやすい分量）

生とうもろこし	1本
バター	小さじ1
牛乳	1～1と1/2カップ
塩・こしょう	各少々

◎作り方

1 とうもろこしの実を包丁でそぎ落とし、耐熱のボウルに入れる。バターをのせ、ふたをして電子レンジで3分加熱する。

2 牛乳とともにミキサーに入れてかく拌し、塩、こしょうで味を調える。容器に入れて冷蔵庫で冷たく冷やす。

豚肉ピーマン炒め

しっかり炒めると、ピーマンがぐんと甘くなります。
何でもない炒め物でも、腕が上がったように感じるはず。

せお語録

ピーマンは、4分炒めると べらぼうにおいしくなる

「心の4分」ではダメですよ。一度、時計を見ながら炒めてください。違いがはっきりわかります。

◎材料（1人分）

ピーマン……4個
豚薄切り肉……100g
A　塩・こしょう……各少々
　　小麦粉……小さじ2
しょうが（せん切り）……1かけ分（10g）
ごま油……大さじ1
しょうゆ……大さじ1弱
オイスターソース……小さじ1

◎作り方

1 ピーマンは縦半分に切ってへたと種を取り、斜めの細切りにする。豚肉も細切りにして、Aをまぶす。

2 フライパンにごま油を中火で熱し、ピーマンを4分炒める。ピーマンを端に寄せ、豚肉、しょうがを入れて炒める。肉の色が変わったら、しょうゆ、オイスターソースを加えて炒め合わせる。

ひとこと　しょうゆベースで、オイスターソースを「うまみ足し」で加えるくらいがちょうどいい。

肉詰めピーマンのトルコ風

ときには異国風もいいでしょう。ほんの少しスパイスを加えた煮物です。煮汁が多いと、うまみが煮汁で薄まって物足りない味になってしまうから、少ない煮汁で煮込みたい。できるだけピッタリ入る大きさの鍋を使いましょう。そうすれば、薄味でもおいしく感じる煮物になります。これはワインにも合います。

◎材料（作りやすい分量）

ピーマン……4個
ミニトマト……4〜5個
洋風固形スープの素……1/2個
水……2カップ

A
- 合いびき肉……150g
- ご飯……30g
- 玉ねぎ（みじん切り）…大さじ3
- クミンパウダー（またはカレー粉）……小さじ1/3
- 塩……小さじ1/3
- こしょう……少々

クミンパウダー（あれば）……少々

ひき肉だねのつなぎにご飯を使うと、
ご飯が汁を吸うから、
肉がちぢまずふっくら煮える。

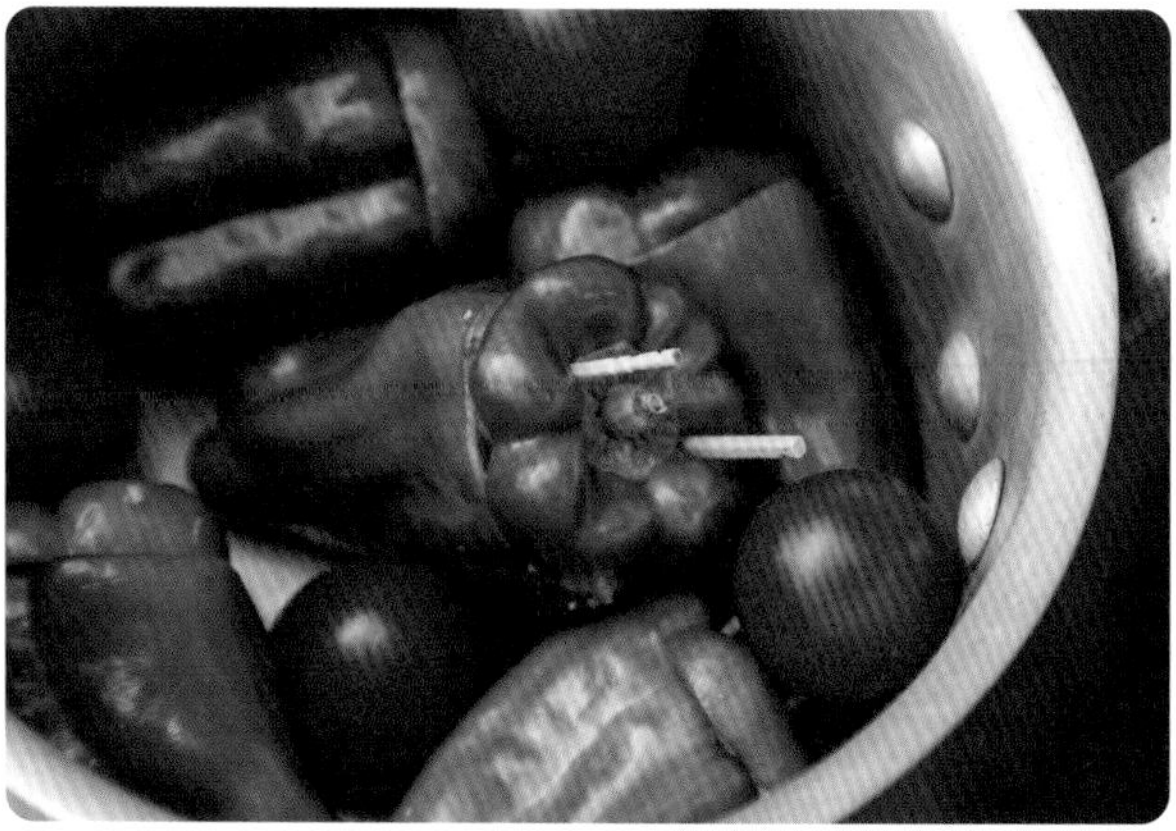

◎作り方

1 ピーマンはへたの下1cmで切り、種を取る。Aを混ぜ合わせてピーマンに等分に詰め、へたの部分でふたをして、爪楊枝を2本刺してとめる。

2 鍋に1とへたを取ったミニトマト、固形スープの素、水を入れ、中火にかける。煮立ったら落としぶたをして弱火で10分煮る。器に盛って、クミンをふる。

ひとこと　お好みで、プレーンヨーグルトをかけて食べても。

刺身はしょうゆでなくてもいい！

刺身はしょうゆ、と思い込んでいませんか。実は、刺身は油で食べるのもおいしいのです。油のほかにも、卵やコチュジャンといったコクやうまみのあるものとからめると、おかずとしての満足度が上がって、ちょっとイマイチかな、という刺身でもおいしく食べられます。

ここでは、いかと、まぐろを代表とした赤身魚、白身魚と相性のよい味の組み合わせを紹介します。好きな刺身で、試してみてください。これで、刺し盛りを買っても飽きずに食べられます。

いかの塩ごま油あえ

いかの刺身にごま油を適量からめて、器に盛ってから塩をぱらりとふります。塩は後ふりのほうが、塩けがききますよ。

これには、塩ふりきゅうり（P60参照）を添えるのがおすすめです。食感と塩けが絶妙なアクセントになります。

まぐろのコチュジャンしょうゆあえ

コチュジャンとしょうゆを適当に混ぜて、まぐろの刺身にからめ、仕上げに白ごまをパラリ。新玉ねぎの甘酢漬け（P20参照）を添えましょう。甘酸っぱさが加わると、いくらでも食べられる味になります。冷凍ものでもおいしく食べられますよ。

たいの卵黄ごま油あえ

たいの刺身にごま油としょうゆを少々たらし、卵黄を添えます。食べ方はお好みですが、私は、そのままで数枚食べてから、卵黄をちょっとくずして刺身にからめながら食べるのが好みです。

しょうゆをかけて少しおいておくと、味がなじんでおいしくなります。ときどき、わさびをつけてどうぞ。これでお茶漬けもいいですね。

トマトチャンプルー

夏のトマトはおいしくて、毎日でも食べたくなります。
うまみがあるから、炒め物にしましょう。
トマトの角がぐずっとくずれるくらいまで炒めるのがポイント。
そこに溶き卵を流し入れて、卵にトマトの汁けもからめます。

◎材料（1人分）

- トマト……1個（200g）
- 卵……1個
- ベーコン……1枚
- 長ねぎ……10cm
- サラダ油……大さじ1
- A
  - トマトケチャップ……小さじ1
  - 塩……小さじ1/4
  - 鶏ガラスープの素……ひとつまみ
  - こしょう……少々

◎作り方

1 トマトは食べやすい大きさのくし形に切る。ベーコンは短冊切りにする。ねぎは5㎜幅の斜め切りにする。卵は割りほぐす。

2 フライパンにサラダ油を中火で熱し、ベーコン、ねぎを炒める。トマトを加えて炒める。トマトの角が少しくずれてきたら、Aを加えて混ぜ合わせる。

3 強火にし、溶き卵を流し入れて炒め合わせる。卵に火が通ったらできあがり。

トマトとささみの和サラダ

ゆかりで酸味と香りをきかせます。
ささみに片栗粉をまぶしてゆでると、
口当たりがよくなりますし、
やわらかく仕上がります。

せお語録

ささみを味方につけて たんぱく質補給

ささみは脂肪が少なくてやわらかく、調理しやすい部位。
もっともっと食卓にとり入れましょう。

ポン酢しょうゆで味つけは手軽に。
お気に入りのポン酢しょうゆを見
つけておくと楽しいですよ。

◎材料（1人分）

トマト	1個（200g）
鶏ささみ	1本
片栗粉	小さじ2
ゆかり	小さじ1
白すりごま	大さじ2
ポン酢しょうゆ	適量

◎作り方

1 トマトはへたを取って2cm角に切る。鶏ささみは幅2cmに切り、片栗粉をまぶす。

2 鍋に湯を沸かし、ささみを入れてサッとゆで、取り出してゆかりをまぶす。トマト、すりごまを加えて混ぜ合わせ、器に盛ってポン酢しょうゆをかける。

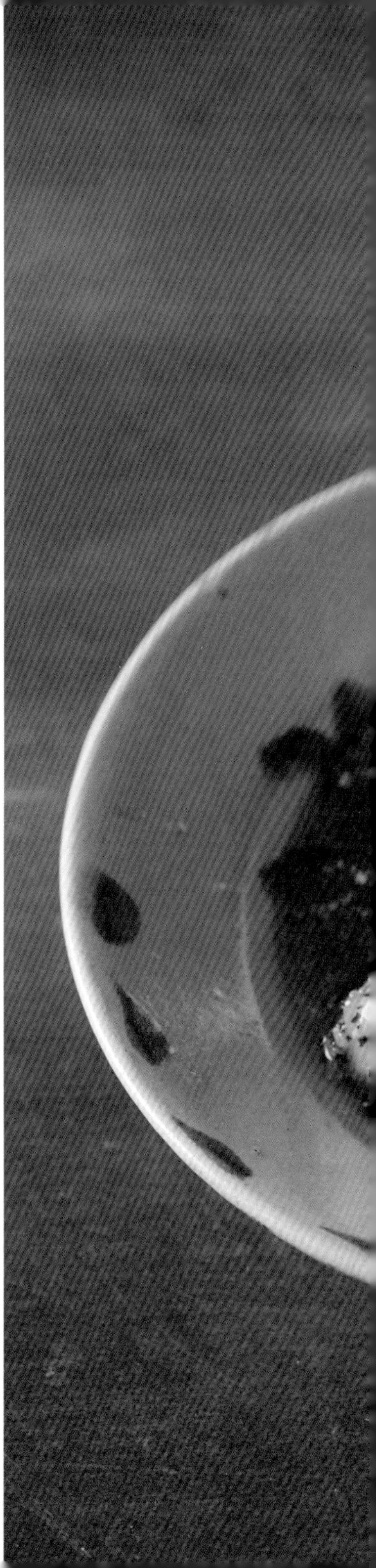

1
おなかが空いたけど、
なにを食べたいのか
わからない
2
食べ始めると、
さらに食べたくなる法則
発動！
アサリちゃん
はっけん！
酒蒸しつくろう
3
とりあえず卵を焼こう
冷蔵庫にあったし
ウマイ！
4
こうして楽しく夜は更ける…
盛り上がってきた〜
次はなにか
焼こう！

自分の気分で
食べたいものを

昔よく言われていた〝三角食べ〟。おかず、ご飯、汁物を少しずつ順番に（三角形を描くように）食べる方法で、栄養バランスよく、偏りなく食べるためだというのはわかるけれど、私には、これがピンとこないのです。

おかずを何品か食べるとしても、作るのは一品ずつでもいい。最初に卵焼きを食べていて、そろそろあさりを酒蒸ししようかなと電子レンジにかける、そんなやり方もアリだと思うのです。そのほうが、温かいものを温かいうちに食べられます。

きちんとした献立にしなくては、と思わなくていいのです。ときにはご飯をしっかり食べ、ときにはお酒を飲みながら。好きなものをゆっくり楽しみましょう。

ひとりのくふう

きゅうりは、塩をふっておくと すぐに食べられる

下ごしらえ済みの野菜が冷蔵庫にあると、ほっとします。夏はきゅうり。薄切りにしたきゅうりに塩をふっておくと、すぐにサラダや酢の物が作れます。きゅうりに塩をしたら、決してもんではいけません。塩をふるだけ！　そのほうが日持ちがするんですよ。

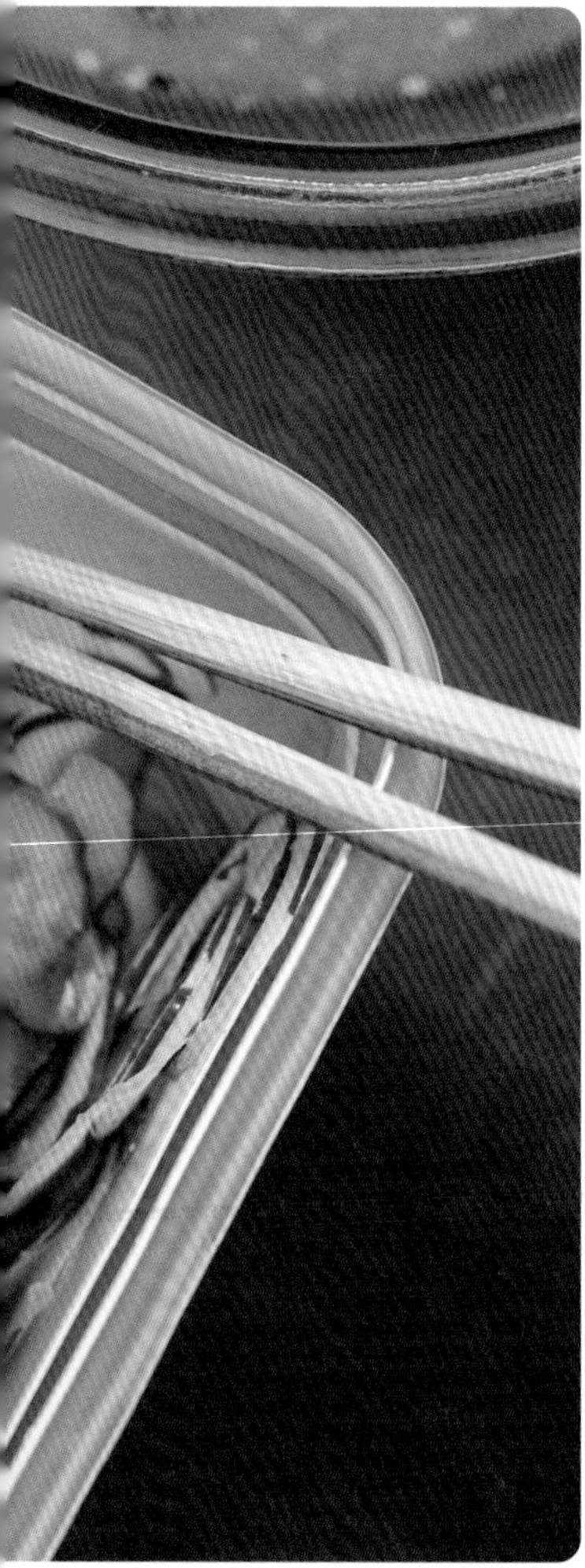

私は、
きゅうりトーストが大好き！
カリッと焼いた食パンに、
絞ったきゅうりをのせ、
オリーブ油、
こしょうをかけるだけ。
食パン1枚に
きゅうり1本分が
決まりです。
焼き魚のつけあわせにもいいし、
ポテサラに入れてもいい。

塩ふりきゅうり

【保存の目安は冷蔵庫で5日間】

◎材料（作りやすい分量）

きゅうり……4本
塩……小さじ1

◎作り方

きゅうりはスライサーで薄い輪切りにする。塩を加えて混ぜ合わせ、清潔な保存容器に入れる。

きゅうりから出た水分も絞らずそのまま保存。使うときに水けを絞ります。

冷や汁

暑くて食欲が落ち気味なときでも、
冷や汁なら食べられます。
ごまをたっぷり入れると、香りがよくてコクも出るので
満足感もあります。

◎材料（1人分）

塩ふりきゅうり	1/2本分
木綿豆腐	小1/2丁（80~100g）
白すりごま	大さじ3
みそ	大さじ3
だし汁（冷たいもの）	2カップ
ご飯	好みの量

◎作り方

1 みそはスプーン（またはフォーク）の先につけて、コンロなどで直火であぶって少し焦げ目をつける。塩ふりきゅうりは水けを絞る。

2 ボウルにだし汁を入れて豆腐をちぎって加え、塩ふりきゅうり、すりごまを加えて混ぜ合わせる。みそを溶き入れ、ご飯にかけながら食べる。

生春巻き

中身は冷やし中華の具のようなものなんだけど、
巻くと、ちゃんとした一品になります。
ただのサラダより満足感がありますよ。

◎材料（1人分）

塩ふりきゅうり……1本分
生春巻きの皮……2枚
卵……1個
スライスチーズ……1枚
チャーシュー（スライス）……4枚
青じそ……2枚
塩・サラダ油……各少々
マヨネーズ・好みのたれ
（甘酢、赤唐辛子など）……各適量

◎作り方

1 卵を割りほぐし、塩を加えて混ぜる。サラダ油を熱したフライパンに流し入れ、薄焼き卵を作って半分に切る。チャーシューは細切りにし、チーズは半分に切る。

2 生春巻きの皮の両面を水で濡らし、青じそ、薄焼き卵、チーズ、水けを絞った塩ふりきゅうり、チャーシューの半量をのせる。マヨネーズを絞ってかけ、春巻きを包む要領で包む。残りも同様に巻く。好みのたれを添える。

ひとこと　かにかまやハムを入れてもいい。
つけるたれも好みで、甘酢でもドレッシングでも。

なすの田舎煮

煮汁がしみたなすは、本当においしいもの。
できたてよりも、しっかり冷やしてから
食べるのがおすすめです。
なすに切り込みを入れると、
皮がかみきりやすくなります。
油揚げはコクだしになるので、
ぜひ入れてください。

◎材料（作りやすい分量）

なす……4本
みょうが……2個
油揚げ……1枚
煮汁
　だし汁……2カップ
　しょうゆ……大さじ2
　砂糖……小さじ1と1/2

◎作り方

1 なすはへたを切り落として縦半分に切り、皮に1cm間隔で斜めに切り込みを入れる。みょうがは縦に4つ割りにする。油揚げは長さを3等分に切り、それぞれ対角に切って三角形にする。

2 鍋に煮汁の材料を入れて中火にかける。煮立ったらなす、油揚げ、みょうがを加える。落としぶたをして弱めの中火で15分煮る。火を止めて、そのまま冷ます。

ひとりのくふう

なすはレンチンすれば5本食べきれる

なすは、見た目はそう変わらなくても、どんどん水分がなくなってアクが出てきますから、買ったらすぐにレンチンするのがおすすめです。蒸しなすのようになって、おいしく食べられます。炒め物に使ったり、甘酢漬けにしたりすれば、1袋全部、あっという間に食べきれます。

レンチンなす

【保存の目安は冷蔵庫で4日間】

◎材料（作りやすい分量）

なす……………………………………5本

◎作り方

へたを切り落とし、皮を縞目にむく。耐熱の皿にのせ、ふたをして電子レンジで7～10分加熱する。指で押してみて十分やわらかくなっていればOK。保存する場合は清潔な容器に入れる。

炒め物に
たっぷりと

なすのみそ炒め

◎材料（1人分）

	レンチンなす	3本
	ピーマン	1個
	長ねぎ	5cm
	しょうが（みじん切り）	小さじ2
	にんにく（みじん切り）	1かけ分
A	八丁みそ（赤みそ）	小さじ2
	信州みそ	小さじ1
	砂糖	大さじ1/2強
	水（または酒）	大さじ1
	ごま油	大さじ1

◎作り方

1 レンチンなすは1本を4つの乱切りにする。ピーマンはへたと種を取って一口大に切る。ねぎは縦に4つ割りにしてから幅1cmに切る。Aを混ぜておく。

2 フライパンにごま油を中火で熱し、ピーマンを入れて炒める。つややかになったらねぎ、しょうが、にんにくを加えてサッと炒め、レンチンなすを加える。

3 強火にして炒め、油がなじんだらAを加えて汁けがほぼなくなるまで炒める。

甘酢漬けに

レンチンなすの甘酢漬け

【保存の目安は冷蔵庫で10日間】

甘酢に漬けるとより日持ちするようになります。あえ物やサラダ風でどうぞ。

◎材料（作りやすい分量）

レンチンなす……5本
甘酢（P127参照）……1/2カップ

◎作り方

レンチンなすを、清潔な保存容器に入れ、甘酢を加えてなじませる。

甘酢なすの中華あえ

なすは、包丁で切るより手でさいたほうがおいしいし、味もよくなじみます。

◎材料（1人分）

レンチンなすの甘酢漬け……2本
長ねぎ（みじん切り）……大さじ1
しょうが（みじん切り）……小さじ1
しょうゆ・こしょう……各少々
ごま油……小さじ1

◎作り方

レンチンなすの甘酢漬けは、食べやすい太さに縦にさく。器に盛ってねぎ、しょうがをのせ、しょうゆ、こしょう、ごま油をかける。

甘酢なすとトマトのサラダ

甘酸っぱさを生かしてサラダ仕立てに。
面倒なときは、にんにくは入れずに、オリーブ油をかけるだけでもいい。

◎材料(1人分)

レンチンなすの甘酢漬け……2本
トマト……1/5個(40g)
にんにく(みじん切り)…1/2かけ分
バジル……2枚
こしょう……少々
オリーブ油……小さじ2

◎作り方

1 レンチンなすの甘酢漬けは、長さを半分に切って、食べやすい太さにさく。トマトは1cm角に切る。ともに器に盛る。

2 フライパンにオリーブ油とにんにくを入れて中火にかけ、香りが出たら1にかける。バジルをちぎって散らし、こしょうをふる。

家飲みは最高に楽しい！

今日はゆっくりできる、飲んじゃうぞーというある日のメニュー。
つまみを作りながら飲み始めて、台所とリビングを行き来しながら、のんびりと。
人恋しくなければ、居酒屋に行かなくてもいいの。簡単だけど、どれもおいしい。

まずは、豆皿つまみでスタート

◎日本酒の炭酸割り

日本酒1対炭酸1の割合。口開けに飲むと、炭酸でのどごしがいい。ふわ～っと酒の香りも楽しめますよ。

◎ねぎ塩豆腐

薄切りにした長ねぎに塩をからめて軽くもみ、木綿豆腐にのせます。長ねぎの塩けで食べるから、塩はしっかりきかせて。

◎めんまのごま油がけ

市販のめんまにごま油をかけるだけ！ 長ねぎのみじん切りもパラリと散らして。

◎もずくきゅうり

市販のもずくに、塩ふりきゅうり（P60参照）を加えるだけ。さっぱり、つるり、がおいしい。

◎ゆで卵のねぎみそのせ

ゆで卵にしょうゆだけでもいいけれど、ここはねぎみそ（P126参照）をのせて。

◎野菜のトースター焼き

野菜はこんがり焼くだけでおいしくなります。とくにピーマンは、丸ごと焼くと、へたや種まわりも甘くなりますよ。トマトも皮がはじけるまで焼いて。

【材料】1人分
ピーマン・ミディトマト・なす
……各好みの量
かつお節・塩・こしょう・しょうゆ
……各好みの量

【作り方】
1 オーブントースターの天板に野菜をのせて、こんがりするまで焼く。ピーマン、ミディトマトはへたを取り、丸ごとでOK。なすは早く火が通るように輪切りにする。
2 器に盛って、塩、こしょうをふったり、かつお節をかけてしょうゆをたらしたり。好みの味つけで食べる。

◎オーブントースター焼き鳥

オーブントースターは遠赤外線と呼ばれる波長の熱線で焼くんですって。遠赤外線といえば炭火焼きと同じじゃないですか！　どうりでガスのグリルより、ふっくら早く焼けるんだと納得しました。気楽にやりたいから、肉に下味をつけたり、串に刺したりはしません。塩はあとからふったほうがおいしいですよ。

【材料】1人分

鶏手羽中（鶏スペアリブ）・鶏レバー・豚かしら肉……各好みの量

塩・七味唐辛子……各適量

【作り方】

1　オーブントースターの天板にアルミ箔を敷き、鶏手羽中、レバー、豚かしら肉を並べて、オーブントースターで15分くらい焼く。こんがり焼き目がつけばできあがり。

2　皿に盛って塩と七味唐辛子をふる。

余裕があったら、

焼き鳥用にレバーを、と思っても全部焼くには多すぎる、ということありますよね。だったら、焼き鳥用以外は甘辛味に煮てしまいましょう。焼き鳥のたれ味を食べる気分でその日に食べてもいいし、常備菜にもなります。

◎鶏レバーの甘辛煮

【材料】作りやすい分量

鶏レバー……200g
しょうゆ……大さじ1
みりん……大さじ2
A 片栗粉……小さじ1
　水……小さじ2
七味唐辛子……少々

【作り方】

1 レバーを一口大に切って小さめの鍋に入れる。しょうゆ、みりんを加えて中火にかけ、煮立ったら、混ぜながら1分ほど煮る。

2 Aを混ぜて加え、とろみをつけて火を止める。ふたをして、余熱で火を通しながら冷ます。食べるときに七味唐辛子をふって。

【保存の目安は冷蔵庫で7日間】

◎やわうどん

とにかくやわらかくゆでて欲しい！　箸で持ち上げるのがぎりぎり、くらいゆでるとおいしくなるので、あまりコシがない、ゆでうどんを使うのです。混ぜると、かつお節がしっとり。そこに梅の酸味でさっぱりします。

【材料】1人分

ゆでうどん……1玉
細ねぎ……4本
梅干し……小1～2個
かつお節……小1袋（2g）
オリーブ油……大さじ1
しょうゆ……小さじ2

【作り方】

1　細ねぎは小口切りにする。梅干しは種を取り、包丁でたたいてペースト状にする。

2　うどんはたっぷりの湯で、やわらかくなるまでしっかりゆでる。ゆで汁をきって器に盛り、熱いうちに**1**をのせ、かつお節、オリーブ油、しょうゆをかけて混ぜて食べる。

小さなヒント集

みじん切りは適当に

料理ににんにくやしょうがを入れるのは面倒ですか？　きれいに刻もうと思うから、面倒臭くなるのです。私のみじん切りは粗いし、大きさも揃ってません、それでいいの。香味野菜は少しでも入れると香りがよくなるから、適当にでもいいので刻んで入れましょう。

炊飯器のご飯はおいしい

ご飯の炊き方には好みがあるかもしれませんが、私は、炊飯器の早炊きモードで炊いたご飯がおいしいと思うのです。米は30分以上、できれば一晩浸水させて早炊きモードで炊きます。

ちょっとおいしいものを買おう

納豆や卵、豆腐のように、毎日食べるものほど、いいものを選んで買ったほうがいいと思います。同じものばかりでなく、食べ比べを楽しんで、自分好みの、安心できるものを見つけましょう。

生春巻きの皮で何でも包む

生春巻きの皮は米の皮なので、少し食べるだけでも満足感があります。残ったサラダとか、ごまあえのようなあえ物、ハムや卵焼きでも、生春巻きの皮で包むとそれなりの一品になります。戻した皮を切って野菜とあえる、なんて春雨風の使い方もできます。

口の中で完成するキッシュ

バターたっぷりのオムレツを作って、クロワッサンと一緒に食べると、口の中でキッシュの味になるんですよ！　おいしいレーズンとパン、バターを組み合わせると、自分好みのレーズンパンが食べられますね。こういう発見を面白がって。

ゆでほうれん草にはこだわります

青菜は、ゆでた後に水けを絞ると個性がなくなる気がします。とくにほうれん草は、甘みやぬめり感がなくなる感じがします。ゆでて水に入れた後は絞らず、ざるで自然に水けをきりましょう。冷凍もできます。

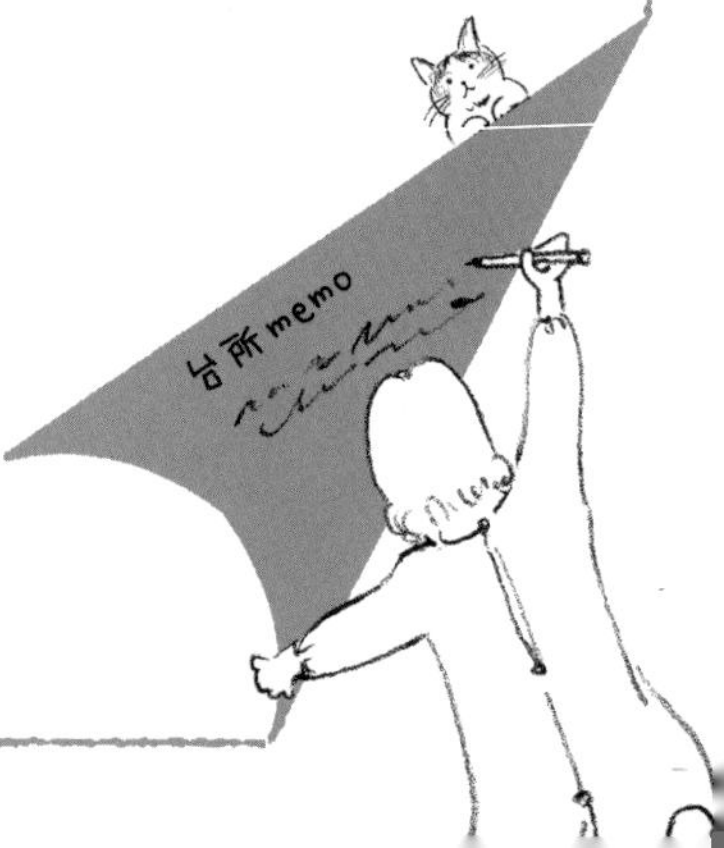

秋

秋になると、揚げ物や煮魚といった、
しっかりしたおかずも食べたくなります。
ひとり分では作りにくいと思う料理でも、
調理方法の発想を変えれば、意外に簡単！

ひとり芋煮会

山形出身の友人から、おいしい芋煮を教えてもらいました。
でも、東京出身の私が作ると、すきやきっぽい味になりますね。
ねぎはたっぷり入れたほうがおいしいですよ。
大勢で食べる芋煮の楽しさを思い浮かべながら、秋になったら
一度は作ってみましょう。

◎材料（作りやすい分量）

里芋		3個
長ねぎ		1本
こんにゃく		50g
牛薄切り肉		150g
A	砂糖	大さじ1強
	しょうゆ	大さじ1
	塩	小さじ1/4
	水	2カップ

◎作り方

1 里芋は洗って皮ごと耐熱皿にのせ、ふたをして電子レンジで7分加熱する。粗熱がとれたら皮をむく。こんにゃくは、下ゆでして一口大にちぎる。ねぎは幅1cmの斜め切りにする。牛肉は食べやすく切る。

2 鍋に1とAを入れ、強火にかける。煮立ったらアクを取り、中火にして8分ほど煮る。

ひとこと　残った煮汁で、翌日に豆腐を煮たり、卵とじにしたりするといいですよ。

おしゃべりレシピ

三番さんまはみそ焼きにすべし

さんまは、塩焼きが一番おいしいと思います。でも、シーズンに入ったら何度かは食べるから、3回目くらいにはみそ焼きがいいですよ、というわけで「三番さんま」なのです。

実はこれ、太めの田舎そばを大根おろしとみそにつける食べ方から思いついたアイデア。大根おろしとみそは相性がいいから、焼きさんまのおろしにもみそが合うはず、と思ったのです。

焼きさんまと香ばしいみそ、そして大根おろしの組み合わせがとってもおいしいから、全部からめながら食べてください。できれば、大根おろしは鬼おろしでざくざくにおろすと、大根が具としても楽しめます。

さんまのみそ焼き

【材料】1人分

さんま……1尾

みそ……大さじ2

大根おろし（鬼おろしで）……½カップ

【作り方】

1 さんまは、グリルで目が白くなるまで焼く。片面にみそを塗り、みそに焼き目がつくまで焼く。

2

器に盛って大根おろしを添える。

ふたを
あけるのが
たのしみ

蒸しがきはフライパンがいい

秋も深まると、殻つきのかきが店先に並びます。どうしても買いたい気持ちになりますが、生がきをむくのは難しいし、そうたくさんは食べられません。

そんなときにおすすめなのがフライパン蒸し。かきをフライパンに入れて、酒をふりかけて蒸し焼きにするだけ。口が開いたら、食べどきです。そのままでもいいし、レモン汁としょうゆをちょこっとかけたりしながら食べてもいい。生がきより、たっぷりおいしく食べられますよ。

かきのフライパン蒸し

【材料】作りやすい分量

かき（殻つき）……5〜6個

酒……1/2カップ

こしょう……少々

レモン（くし形切り）……1切れ

【作り方】

フライパンに、殻をかるく洗ったかきと酒を入れ、ふたをして中火にかける。かきの殻が開けばできあがり。器に盛り、こしょうをふってレモンを添える。

かきの甘辛煮

少し多めに蒸して、残りのかきを甘辛味で煮ると、おいしいご飯のおかずになります。冷蔵庫で2〜3日はもちます。

【材料】作りやすい分量

蒸しがきの身……8粒

A しょうゆ・酒……各大さじ1

しょうが（せん切り）……1かけ分

【作り方】

鍋にAを入れて煮立てる。汁けがほぼなくなりかけたら蒸しがきを加え、しっかり煮からめる。

ミルクパンなら、揚げ物をする気になれる！

ひとり分の揚げ物は、ミルクパンで作りましょう。揚げ物は、油の中で泳ぐように揚げることが大事。だから、小さい鍋でも深さがあればいいわけです。油の量もそう必要ありませんし、フライパンで揚げ焼きにするより、上手に揚げられますよ。

ひとこと　から揚げの下味目安は、鶏肉2枚（500g）に対して、卵1個、しょうゆ大さじ1。

鶏のから揚げ

溶き卵を入れるのは、肉をコーティングするため。こうすると、しっとり、ふっくらに！

◎材料（5個分）

鶏もも肉……1/2枚（100～150g）
溶き卵……大さじ1
しょうゆ……大さじ1/2
小麦粉・揚げ油・レモン（くし形切り）……各適量

◎作り方

1 鶏肉は5つに切ってポリ袋に入れ、溶き卵、しょうゆを加えてもみ込み、15分おく。

2 小麦粉を加え、ポリ袋をふってよくなじませる。ミルクパンに揚げ油を入れて170℃に熱し、鶏肉を揚げる。鶏肉が浮き上がってくれば揚げ上がり。油をきっている間にも余熱で火が通る。食べるときにレモンを搾って。

鍋が小さいと、油の温度はすぐに上がります。適温になったら火を弱め、温度の上がり過ぎに注意して。

ひとこと　170℃の目安＝衣を揚げ油に少し落とすと、一度鍋底についてすぐに浮き上がる。

炭酸天ぷら

家で天ぷらが作れると思うと、気持ちが上がりますよね。
炭酸入りの衣にすれば、卵を入れなくてもサクサクに揚げられます。
玉ねぎの切れはしがあったな、と思ったら、
冷蔵庫整理をかねて揚げればいいのです。

ひとこと　180℃の目安＝衣が底につく前にすぐに浮き上がる。

◎ 材料（1人分）

具（好みのものでよい）

- えび……2尾
- パプリカ・玉ねぎ・れんこん・なす・かぼちゃ・ごぼう……各好みの量

衣

- 小麦粉……1/2カップ
- 炭酸水（冷たいもの）……1/2カップ弱
- 塩……小さじ1/5

揚げ油・塩・天つゆ（めんつゆを湯で薄めたもの）……各適量

炭酸水を使うと、
炭酸の力で
サクサクした衣になる。

◎ 作り方

1 えびは殻と足を取り除き、洗って水けを拭く。野菜は食べやすい大きさに切る。衣の材料を混ぜ合わせる。

2 ミルクパンに揚げ油を入れて160℃に熱する。野菜に衣をつけて入れ、揚げる。揚げ油の温度を180℃に上げ、えびに衣をつけて入れ、揚げる。器に盛り、塩、天つゆを添える。

残った油は、炒め物にも使えます。
たくさん揚げた後や、
から揚げの後は少しにおいが強いから
処分したほうがいいですね。

ひとこと　160℃の目安＝衣を揚げ油に落とすと、一度鍋底についてゆっくりと浮き上がる。

少しずつ集めた、お気に入り

道具や器が好きで、お店があればのぞいて、好みのものを少しずつ集めてきました。お気に入りの道具があると、日々の食事も楽しくなります。

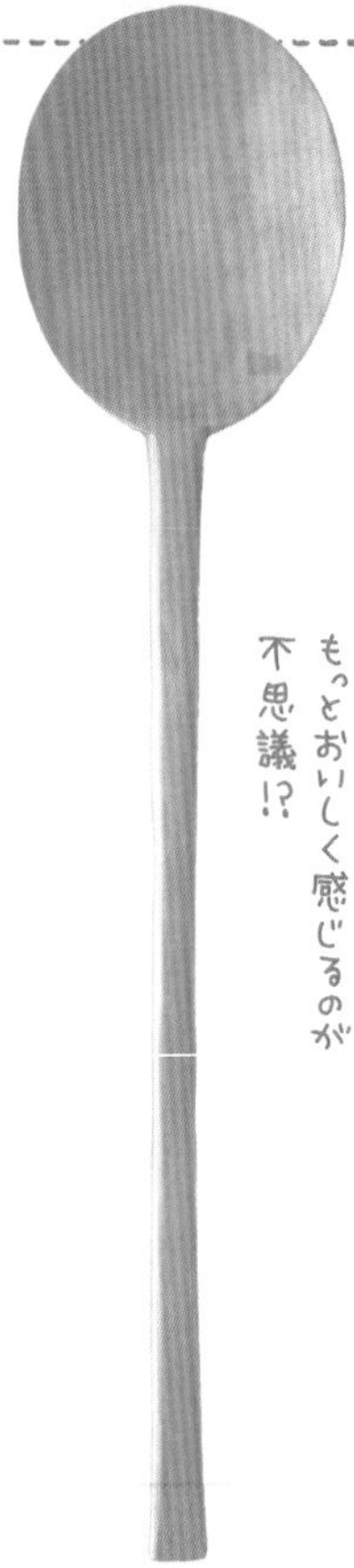

あると便利だし使えばもっとおいしく感じるのが不思議!?

韓国のスッカラ（スプーン）

味見をしたり、材料をあえたりと、調理中にもよく使います。長い柄と、少し平たい形がとても使い勝手がいいんです。

アジアのレンゲ

口にちょうどよく入る大きさなの。人にはそれぞれ、その人に合った大きさがありますが、自分にとってちょうどいいサイズが見つかると嬉しいものです。

いろいろ集まるとどれを使うか悩むのも楽しい

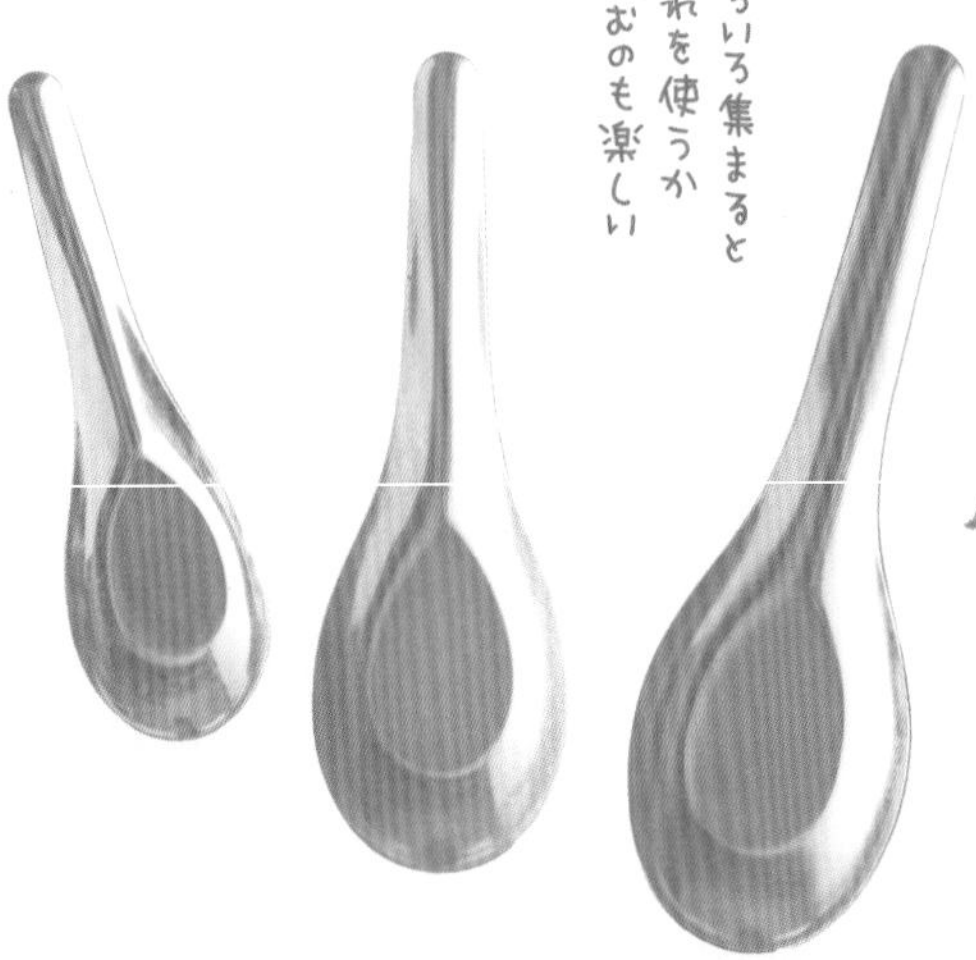

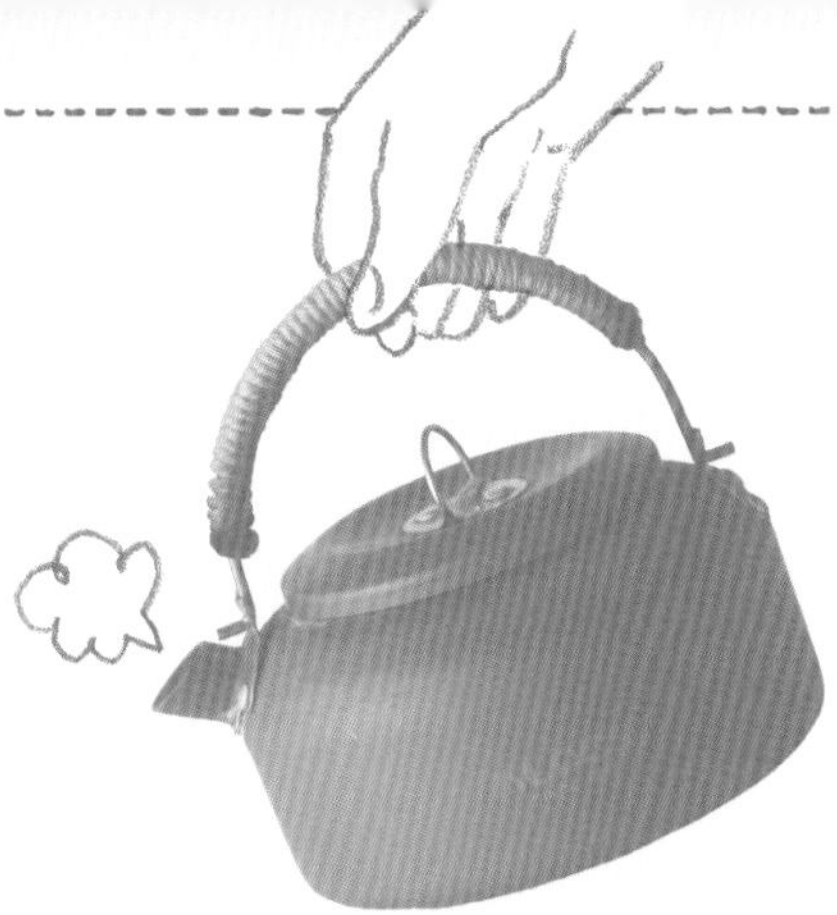

小さいからすぐに沸くし、軽い!

アウトドア用のヤカンと小さな急須

ひとり分のお茶には、小さいヤカンで十分。少量ですぐにお湯が沸くから便利です。持ち手に麻紐を巻いて使っています。急須も1杯分が入れられる小さなものにしています。

なます皿

和の器はいろいろ持っていますが、頻繁に使うのが〝なます皿〟。少し汁けのあるものも入れられるし、サイズ感がちょうどいい。案外、洋風や中華風の料理も映えるんですよ。

小皿って楽しいよね

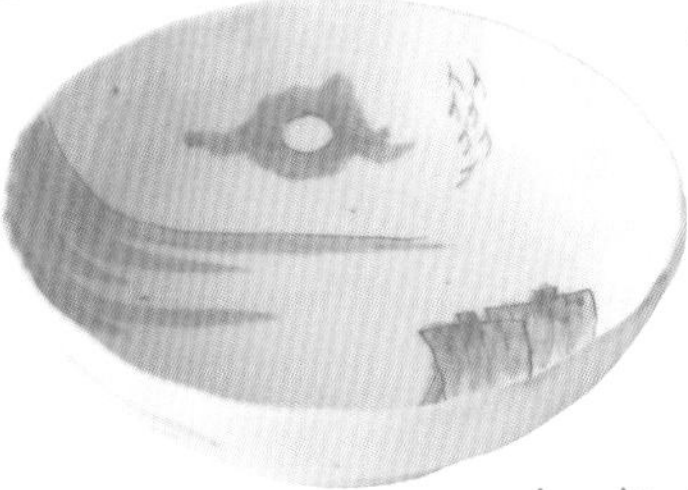

箸置き

いろいろな形、色のものを持っています。その日の気分や、季節ごとに変えるのが楽しいし、お客さんがきたときにも喜んでもらえます。

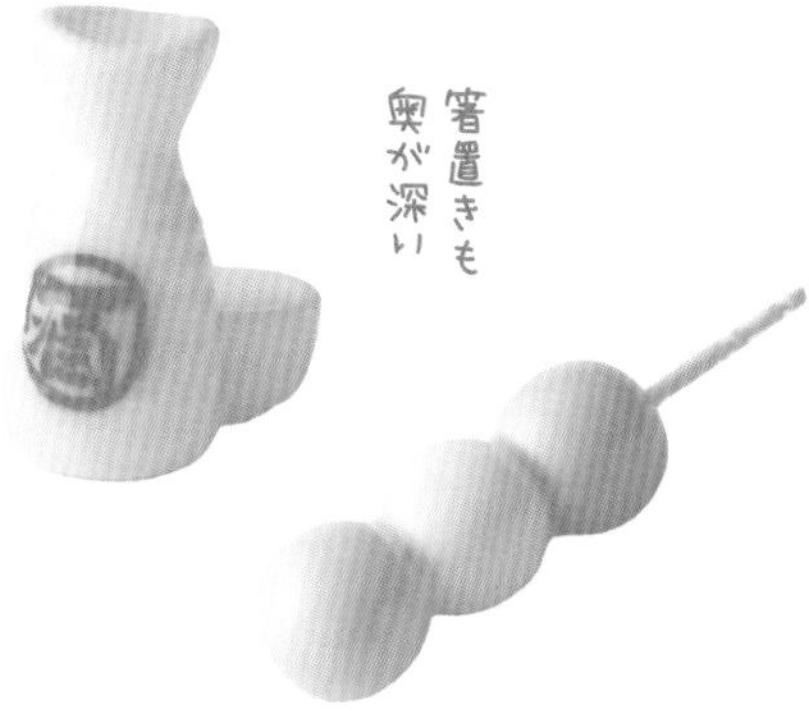

箸置きも奥が深い

レンチンさばみそ

煮魚といっても、
中まで味がしみなくていいんですよ。
濃いめの煮汁をからめれば、
口の中で一体になって
おいしく食べられます。

せお語録

煮魚はレンチンに限る！

魚は長く煮るとパサつくから、短時間で火を通してふっくらさせたい。ひとり分なら、電子レンジ調理がベストです。

あじ、いわし、とびうおなど青魚なら同じように作れます。

◎材料（1人分）

さば……1切れ（200g）
しょうが（せん切り）……1かけ分

煮汁
信州みそ・酒……各大さじ2
八丁みそ……大さじ1/2
砂糖……大さじ1/2強
水……大さじ3

しし唐辛子……8本

◎作り方

1 さばは皮に数カ所切り目を入れる。煮汁の材料を混ぜ合わせ、半量を耐熱の器に入れる。さばとしょうがをのせる。上から残りの煮汁をかけ、ふたをする。

2 電子レンジで5分加熱し、そのまま粗熱をとる。しし唐辛子はフライパンで焼き、さばに添える。

ひとこと　さばは、小さいものなら1/2尾分くらい。

ひとりのくふう

ひとり分で作りにくい料理は、多めに作って自家製冷凍食品に！

大好きでときどき食べたくなるのに、
ナポリタンや餃子はひとり分ではおいしく作れない。
そういうものは多めに作って、１食分ずつ冷凍しましょう。
同じ料理を翌日も食べるのは気がすすまないけれど、
１週間や10日後ならおいしく食べられます。むしろ大助かり！
やる気のないとき、忙しいときの
自分を助けるための「自家製冷凍食品」です。

【こんな料理がおすすめ】

・スパゲッティナポリタン

・餃子

・季節の炊き込みご飯やピラフ

・カレールー

じゃがいもやにんじんなどは、食べるときに後入れで。

・ハンバーグ

焼いてから冷凍。サイズ違いも作っておくと、お弁当にも使えて便利。

・混ぜご飯の素

鶏ひき肉を炒めてトマトケチャップで味つけしたものや、鶏ひき肉や、牛ひき肉の甘辛味のそぼろなど、味つき肉を冷凍しておくと、いつでも混ぜご飯が作れます。
卵焼きに入れてもいい。

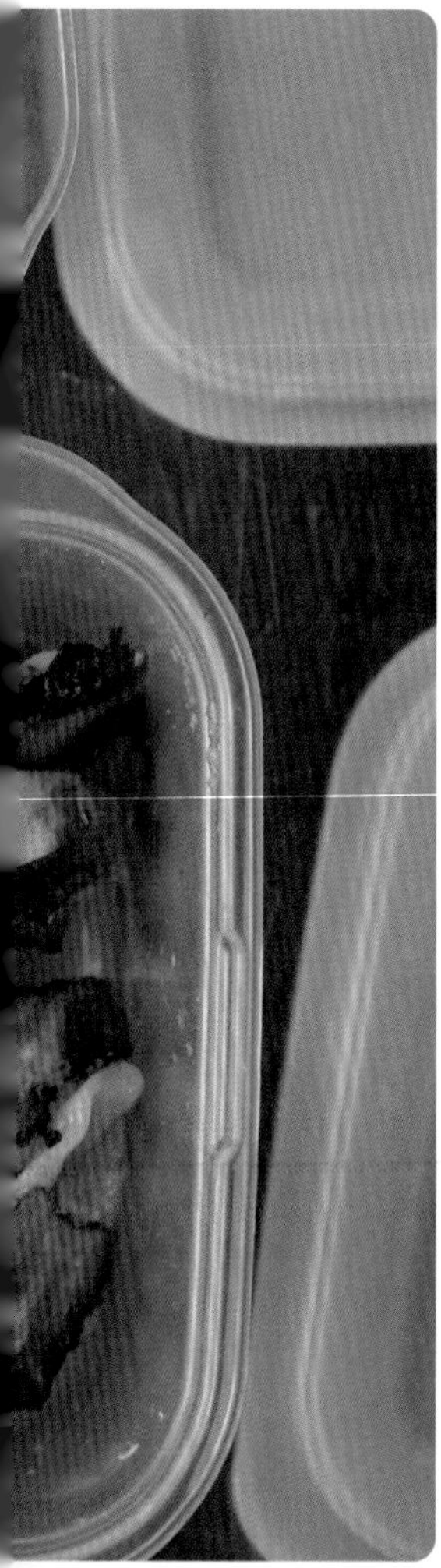

入るところ
ない……

懐かしの
スパゲッティナポリタン

ナポリタンは昭和の食べものだから、スパゲッティを「うどん化」することが大事です。思い切って長くゆでて、少しおくと、もっちりした食感になりますよ。それがケチャップ味とよく合うんです。

◎材料（2〜3食分）

スパゲッティ……200g
玉ねぎ……1個（250g）
ピーマン……2個
ウインナーソーセージ……4本
サラダ油……大さじ4
トマトケチャップ……大さじ4
トマトジュース（塩分不使用）……1/2カップ
塩・こしょう・粉チーズ……各適量

◎作り方

1 鍋に湯を沸かし、1ℓに対して塩小さじ1（5g）の塩を入れる（塩分0.5%）。スパゲッティを袋の表示より長くゆでる。ゆで上がったら湯をきってボウルに入れ、サラダ油大さじ2をまぶして30分ほどおく。

2 玉ねぎはくし形に切り、ピーマンは半分に切ってへたと種を取り、横に幅1cmに切る。ソーセージは斜め薄切りにする。

3 フライパンにサラダ油大さじ2を中火で熱し、2を炒める。スパゲッティを加えてほぐしながら炒める。トマトケチャップ、トマトジュースを加え、汁けがなくなるまで炒めて塩、こしょうをふる。器に盛り、粉チーズをふる。

スパゲッティは、イタリア産なら2倍、国産なら1・5倍の時間でゆでる。

トマトジュースをスパゲッティに吸わせて、さらにもっちりとさせます。炒め合わせて、オレンジ色になれば炒め上がり。

冷凍する分は、食べやすい分量に小分けして保存容器に入れ、冷めたら冷凍庫へ。電子レンジで解凍して食べる。

【保存の目安は冷凍庫で1カ月間】

ひとこと　食べるときは、塩、こしょうと粉チーズをふって。お好みでタバスコを添える。

好きなときに好きなだけ

ラクチン漬物餃子

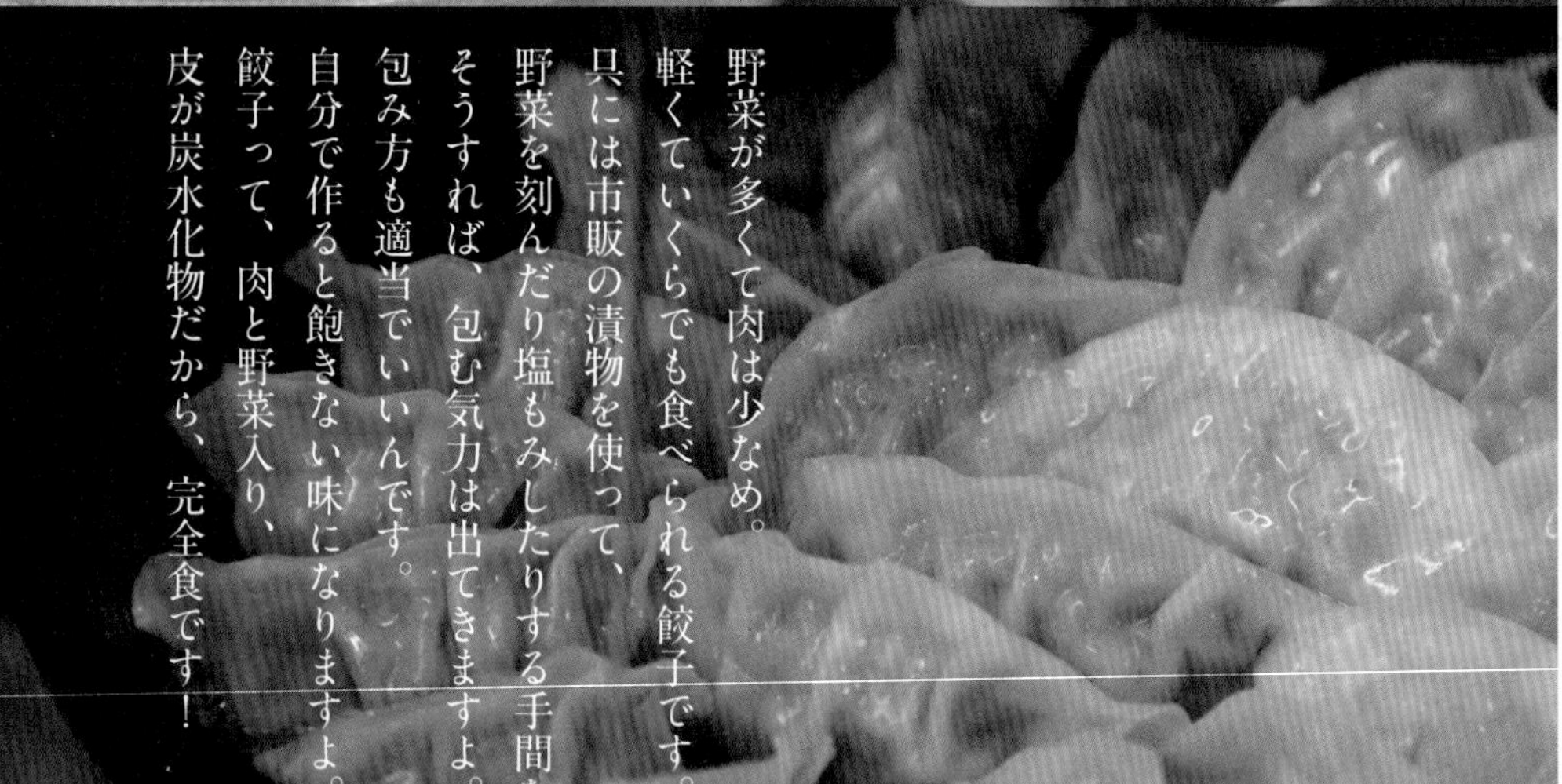

野菜が多くて肉は少なめ。
軽くていくらでも食べられる餃子です。
具には市販の漬物を使って、
野菜を刻んだり塩もみしたりする手間を省きます。
そうすれば、包む気力は出てきますよ。
包み方も適当でいいんです。
自分で作ると飽きない味になりますよ。
餃子って、肉と野菜入り、
皮が炭水化物だから、完全食です！

◎材料（20個分）

具
- 豚ひき肉……120g
- 白菜漬け（市販）……150g
- にんにく（すりおろし）……1かけ分
- しょうが（すりおろし）……小さじ1
- ごま油……小さじ1
- みそ……小さじ1/2
- こしょう……少々

餃子の皮……20枚
サラダ油……大さじ2

◎作り方

1 白菜漬けは、ごく軽く水けを絞ってみじん切りにし、ボウルに入れる。他の具の材料を加え、よく練り混ぜる。餃子の皮に肉だねを入れて包む。

2 フライパンに餃子をのせ、餃子が下から8㎜程度浸るくらいの水（材料外）を加える（50～70ml）。ふたをして強火にかけ、蒸し焼きにする。

3 ピチピチと音がして、中の水がほぼなくなったらふたを外し、サラダ油を回しかける。さらに焼き、餃子の底に程よい焼き目がついたらできあがり。

冷凍する分は、食べやすい分量に小分けして保存容器に入れ、冷めたら冷凍庫へ。電子レンジで解凍して食べる。

【保存の目安は冷凍庫で1カ月間】

ひとこと　白菜漬けの代わりに、塩ふり白菜（P118参照）を使ってもいい。

れんこんと豚肉のきんぴら

きんぴらといえばごぼう、ですが、
れんこんもおすすめです。
火が通りやすくて、歯応えもいい。
おいしくて使い勝手のいい野菜です。
豚肉を少量加えて作ると、
よりボリュームアップ、
ご飯のおかずに最高です！
仕上げにごま、七味唐辛子を
たっぷりふると、食欲をそそります。

きんぴらの味つけは、
砂糖1・しょうゆ2の割合。
覚えておくと、いろいろな野菜で
作れますよ。

◎材料（1人分）

れんこん……7cm（150g）
豚バラ薄切り肉……60g
ごま油……小さじ2
A｜しょうゆ……小さじ2
　｜砂糖……小さじ1
白すりごま・七味唐辛子……各適量

◎作り方

1 れんこんは皮をむいて幅5mmのいちょう切りにする。豚肉は幅2cmくらいに切る。

2 フライパンにごま油を中火で熱し、れんこんを炒める。れんこんが透き通ってきたらフライパンの端に寄せ、豚肉を加えて炒める。

3 肉の色が変わったら強火にし、Aを加えて汁けがなくなるまで炒める。器に盛り、白すりごま、七味唐辛子をふる。

魚のアラはひとり向き。見かけたら買うのが吉

魚のアラは、切り身より安いし、身も程よい量だから、ひとり分にはちょうどいいのです。何より、切り身にはないおいしさがあるので、魚売り場に出ていたらぜひ買ってみてください。ぶりのかまがあったら儲けもの！塩をふって焼くだけで、最高においしい焼き魚になります。

まぐろのかまでもおすすめ。
サーモンなどのアラでも
同じように作れます。

ぶりかまの
ガーリック焼き

◎材料（1人分）

ぶりのかま……1個（250g）
A｜にんにく（みじん切り）……小さじ2
　｜オリーブ油……大さじ1
　｜塩……小さじ1/2
　｜こしょう……少々
塩……適量
レモン（くし形切り）……好みの量

◎作り方

1 ぶりのかまに、Aをまぶして15分ほどおく。魚焼きグリルかオーブントースターで15分ほど焼く（オーブントースターで焼く場合は天板にのせて）。

2 器に盛り、レモンと好みで塩を添え、レモンを搾って食べる。

ぶりは脂が多いので、
下味でしっかり塩をきかせましょう。
にんにくの風味で、
魚のくせは気にならないし、
食べるときにレモンを
搾ってかけると、
さらにおいしくなります。

たいの頭の甘辛煮

たいは少し値の張る魚ですが、
頭なら安いのです。
うろこがついているので、
下ごしらえに少し手間は
かかるけれど、
とってもおいしいので、
少し余裕があるときに
チャレンジしてください。

全部煮てもいいし、半分は塩焼きにしてもいいですね。

◎ 材料（1人分）

たいの頭……………………1/2尾分（250g）
ごぼう……………………………………10cm
しょうが（薄切り）……………………3枚
煮汁
　しょうゆ……大さじ1と1/2〜2
　砂糖……………………………大さじ1
　酒……………………………1/4カップ
水………………………………………適量
山椒の葉（あれば）………………少々

◎ 作り方

1 フライパン（または鍋）に、たいの頭が浸る程度の量の湯を沸かす。煮立ったら、たいの頭を入れ、表面が白っぽくなったら取り出し、冷水にとる。水から取り出し、こすってうろこを取る。

1
うろこが残っていると
口当たりが悪いので、
しっかり取って。

2 ごぼうはたわしで皮をよく洗い、太いものは縦に4つ割りにする。鍋にたいの頭、ごぼう、しょうが、煮汁の材料を入れ、たいの頭がひたひたに浸るまで水を加えて中火にかける。

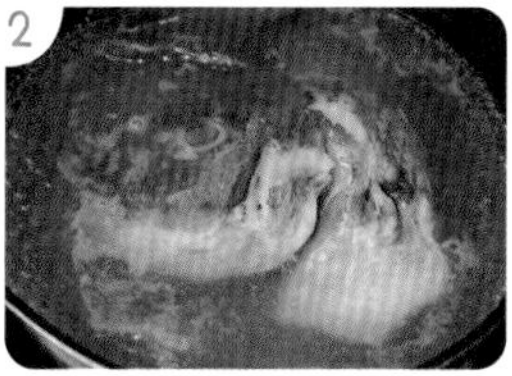

2

3 煮立ったら落としぶたをして、ことことと煮立つくらいの火加減にして（ぐらぐらさせない）、8〜10分煮る。落としぶたを外し、好みの加減の濃さに煮詰める。器に盛り、あれば山椒の葉をのせる。

3

粉山椒を
ふってもおいしい

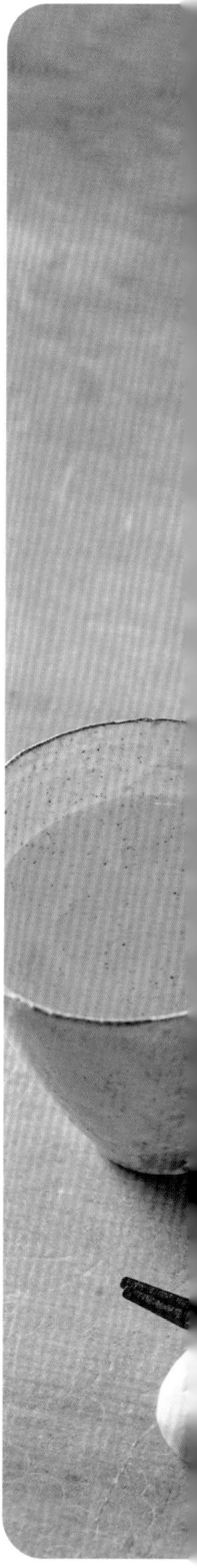

ひとこと　たいの頭は、たいてい1尾分を半分に切った2個をセットで売っています。1尾分を

小さなヒント集

塩は後ふりがいい

塩を先にふると、素材の水分が引き出され、感じる塩けが弱くなる場合があります。塩を後ふりにすると、少量でも塩けをしっかり感じられます。ですから、料理によっては後ふりがいいのです。特に、焼き鳥や刺身、サラダなどは、後ふりがおすすめです。

炊き込みご飯の黄金比

私は、春夏秋冬、いつでも炊き込みご飯を作ります。米1合に対して、しょうゆ大さじ1、あとは季節の野菜や肉などを適当に入れるだけ。同じしょうゆ味でも、具によって味わいも変わりますよ。

切り干し大根は頼れる味方

切り干し大根は、便利なストック食材。水で洗えばすぐに使えるから、ひとりごはんの強い味方です。みそ汁や炒め物、サラダやあえ物にしたり。食物繊維がとれるので、野菜が足りないときに重宝します。

酢豚が食べたくなったなら

あぁ、酢豚が食べたい、と思ったら、目玉焼きを焼いて、それをケチャップ入りの甘酢でからめます。酢豚が食べたい＝甘酢味が食べたいとき、なわけですからね。ちょっと発想を変えれば、手軽に好きな味が食べられます。

たこ焼き器のすすめ

ひとり用のたこ焼き器を持っていて、月に1度はたこ焼きを作ります。つまみのようでごはんのようで、シニアのおなかにはちょうどいい。何より楽しいの！　道具で気持ちも盛り上がります。

冷凍庫をお宝箱に

大好物は、小分け冷凍しておきます。青森のすじこや、山形の酒田納豆、九州のおいしい明太子、好みの油揚げなどなど。冷凍できるものは案外多いのです。

冬

冬は、日暮れが早くて少し寂しい。
長い夜の前に、
手早く温かいものを食べたくなるから、
鍋がいいと思うのです。
しっかり食べると、気持ちも充実します。

小さな鍋を
日替わりで
楽しむ。
よき。

ただいま。
寒い!
今日は鍋!
湯どうふ

1

雨か…。
鍋にしよ。
全国的に
雨もよう
さつまあげを
入れたら
おでん風

2

雪だ。
こんな日は
鍋!
チゲ鍋

3

美味しかったし、
あしたも鍋かな!
洗い物カンタン
いろいろたべられる
しっぱいしない

4

冬は毎日 小鍋でいい！

冬は、毎日鍋料理でもいいんじゃないか、と思います。

温かい汁が食べられるし、野菜もたっぷりとれる。

小さな鍋でグツグツ煮て、そのまま食卓に持っていけば、
食べている間じゅうアツアツでおいしいのです。

とくに、水炊きなんてサイコー。肉や野菜をとっかえひっかえして、ポン酢にしたりごまだれにしたりと味を変えれば、週3でも飽きませんよ。

食べたいものが思いつかないときは、とりあえず鍋ってことにしてしまいましょう。

鍋料理は油はねがしないから、コンロまわりの掃除もしやすい。鍋の中でうどんやご飯も煮られるから、洗いものも少なくなる。そういうところも気楽です。

ぜいたく湯豆腐

湯豆腐は、ただ豆腐を温めるだけの料理ではありません。
昆布だしをしっかり吸った豆腐を食べるのがおいしいのです。
鍋に昆布を敷きつめて、おいしいだしをとりましょう。
三つ葉の香りと食感がいいアクセントになるので、
ぜひ入れて。

火加減はずっと弱火。
はじめは豆腐だけの
味を楽しみます。

◎材料（1人分）

- だし昆布……10cm四方1枚
- 木綿豆腐……200g
- 長ねぎ……1本
- 三つ葉……好みの量
- 豚肩ロース薄切り肉……80〜100g
- かつお節・しょうゆ……各適量

しめの卵おじや

- ご飯……好みの量
- 卵……1個
- 塩・しょうゆ……各少々

◎作り方

1 鍋にたっぷりの水と昆布を入れ、昆布が戻るまでおく。ねぎは幅1cmの斜め切りにする。三つ葉、豚肉は食べやすく切る。

2 豆腐を食べやすく切って鍋に入れ、弱火にかける。かつお節としょうゆを器に入れておき、豆腐が温まったら、つけて食べる。ある程度食べたら、三つ葉とねぎ、豚肉を加え、取り分けながら食べる。

3 鍋から昆布を取り出し、ご飯を鍋に入れて塩、しょうゆで味つけする。卵を割りほぐして流し入れ、好みの加減に火を通す。

ひとこと　だしをとった昆布は、刻んで炒めたり、佃煮などにして。

豆腐を味わったら、
香り野菜や豚肉を

しめは卵おじや。
昆布だしに豚肉のうまみが
加わるから、
煮汁がおいしい！

いつでも作れるサバ缶チゲ

さば缶と白菜キムチさえあれば簡単に作れます。
好みの肉やえびを加えてもいいし、卵を落としてもいいですね。
ご飯にかけながら食べるのもよし。

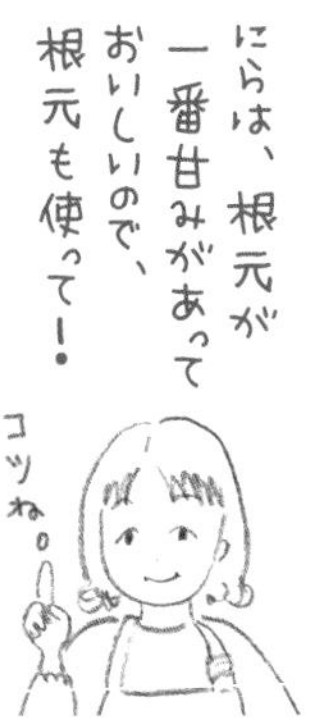

◎材料（1人分）

さばの水煮缶詰
……1缶（190g入り）
白菜キムチ……100g
木綿豆腐……100g
にら……1/2わ
みそ……大さじ2
水……1と1/2カップ

◎作り方

1 にらは長さ4cmに切る。豆腐は食べやすく切る。白菜キムチはざく切りにする。

2 鍋に1と水、さばの水煮を缶汁ごと入れて中火にかける。豆腐が温まり、白菜キムチが煮えたらみそを溶き入れて火を止める。

キャベツとトマトのおでん

だし汁にさつま揚げさえ入れれば、おでんの味。だから、少量でもおでんは作れます。キャベツの甘み、トマトの酸味がよく合いますよ。鶏手羽先は、おいしいだしが出て具にもなります。

◎材料（1人分）

キャベツ	1/8個
さつま揚げ	2枚
鶏手羽先	2本
ミディトマト	4個
だし昆布	5cm四方1枚
煮汁	
だし汁	2と1/2カップ
しょうゆ	小さじ2
塩	小さじ1/2
練り辛子	適量

◎作り方

1 キャベツは芯をつけたまま縦半分に切り、ばらけないよう爪楊枝でとめる。鍋に煮汁の材料と、キャベツ、さつま揚げ、手羽先、昆布を入れて中火にかける。

2 煮立ったら弱火にし、15分煮る。ミディトマトのへたを取って加え、さらに3分煮る。練り辛子を添える。

ひとこと　手羽先や手羽元など、骨つきの部位を使うとだしが出ます。

ねぎと鶏の甘辛鍋

いろいろな部位の鶏肉を混ぜて煮ると、
深みのある味になります。
とくに、レバーを入れると煮汁に個性が出て、
おいしくなりますよ。
ねぎも甘みが出るからたっぷりと。
残ったレバーやハツは甘辛煮（P74参照）にすれば、
日持ちのする常備菜ができます。

◎材料（1人分）

長ねぎ……1本
鶏もも肉……1/2枚（120g）
鶏レバー・鶏ハツ……1組（合わせて80g）
しょうが（せん切り）……1かけ分
煮汁
　しょうゆ……大さじ1と1/2
　砂糖……小さじ2
　水……1/2カップ
　酒……1/4カップ
粉山椒……適量
切り餅……1〜2個

◎作り方

1 ねぎは幅1cmの斜め切りにする。鶏肉は小さめの一口大、ハツは縦半分に切る。

2 鍋に1としょうが、煮汁の材料を入れて中火にかける。煮えたものから取り分け、粉山椒をふる。

煮詰まってきたら、
適宜酒と水を足して。

3 具をある程度食べたら、切り餅を入れて、やわらかくなるまで煮る。甘辛い煮汁をたっぷりからめて。

しめは切り餅。
途中で入れてもおいしい。
うどんも合います。

大根と豚肉の水炊き

水炊きという食べ方を覚えておくと便利です。
肉と野菜の組み合わせを変えるだけで、味わいも変わります。
大根は、みそ汁に入れるような細切りにすると、
量が多くてもすぐに火が通ります。春菊やねぎを足してもいいですね。

◎材料（1人分）

- 大根……10cm
- 豚しゃぶしゃぶ用薄切り肉……100g
- 三つ葉（食べやすく切る）……適量
- だし昆布……5cm四方1枚
- ゆずこしょう・ポン酢しょうゆ……各適量

◎作り方

1 大根は皮をむいて細切りにして鍋に入れる。かぶるくらいの水を注ぎ入れ、昆布を加えて中火にかける。

2 大根がやわらかくなったら、豚肉、三つ葉を加えてサッと煮る。ゆずこしょうやポン酢しょうゆで食べる。

水炊きは変幻自在！

鶏もも肉とかぶ、春菊という組み合わせもおすすめです。

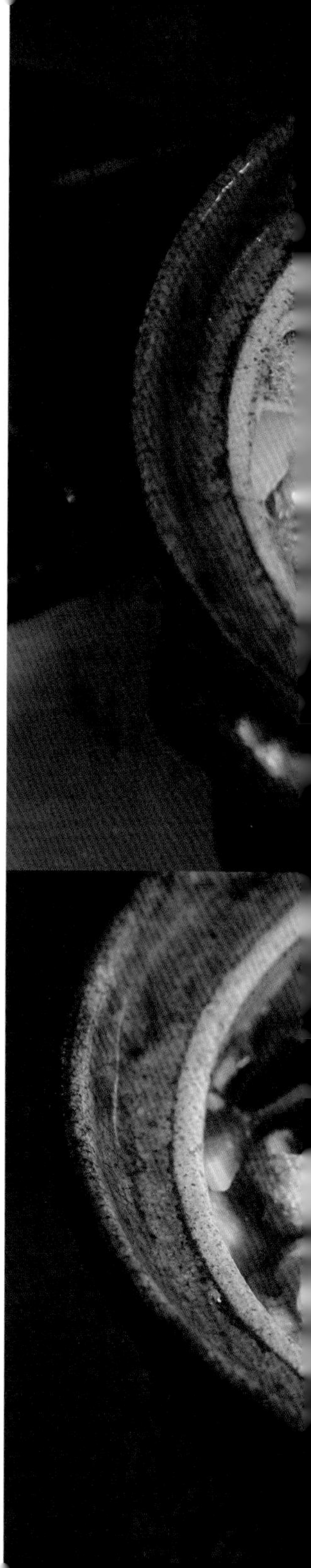

野菜まみれのプルコギ

最近おなじみの韓国料理、プルコギです。
野菜たっぷりで、食べ応えがあって栄養満点。
全部混ぜて炒めるだけだから、案外手間はかかりません。
りんごのすりおろしを入れると
いい感じの甘みがついて、ご飯のすすむ味になります。

これは、卓上コンロでアツアツを食べるのをおすすめします。
皿に盛るとあっという間に冷めちゃうから。
卓上で炒めながら食べてもいいし、炒めたものをコンロで保温してもいいですよ。

◎材料（1人分）

牛薄切り肉……100g
にら……1/2わ
玉ねぎ……1/2個（100g）
にんじん……3cm
A
- りんご（すりおろし）・しょうゆ・酒……各大さじ1
- 砂糖……大さじ1/2
- しょうが（すりおろし）……小さじ1
- にんにく（すりおろし）……1かけ分
- コチュジャン（あれば）……小さじ1
- こしょう……少々

ごま油……適量

◎作り方

1 にらは長さ4cmに切る。玉ねぎは薄切り、にんじんはせん切りにする。牛肉は幅1cmに切る。ボウルにAを混ぜ合わせ、切った野菜と牛肉を加えてよくもみ込む。

2 フライパンを中火で熱し、ごま油を薄くひき、1を入れる。牛肉の色が変わるまで炒め合わせる。

野菜がしんなりするまで肉と調味料と混ぜ合わせるのがポイント！

ひとこと　サニーレタスなどの葉野菜に包んで食べるのもおいしいですよ。

ひとりのくふう

白菜は、塩をふっておくとかさが減らせる

ひとりで白菜4分の1株、使いきれるかなと考えると、手を出しにくくなりますよね。でも、切って塩をふっておくと使いやすくなります。夏の塩ふりきゅうり（P60）と同じ使い方です。塩けは控えめにしているので、1週間以内で食べきるようにしましょう。

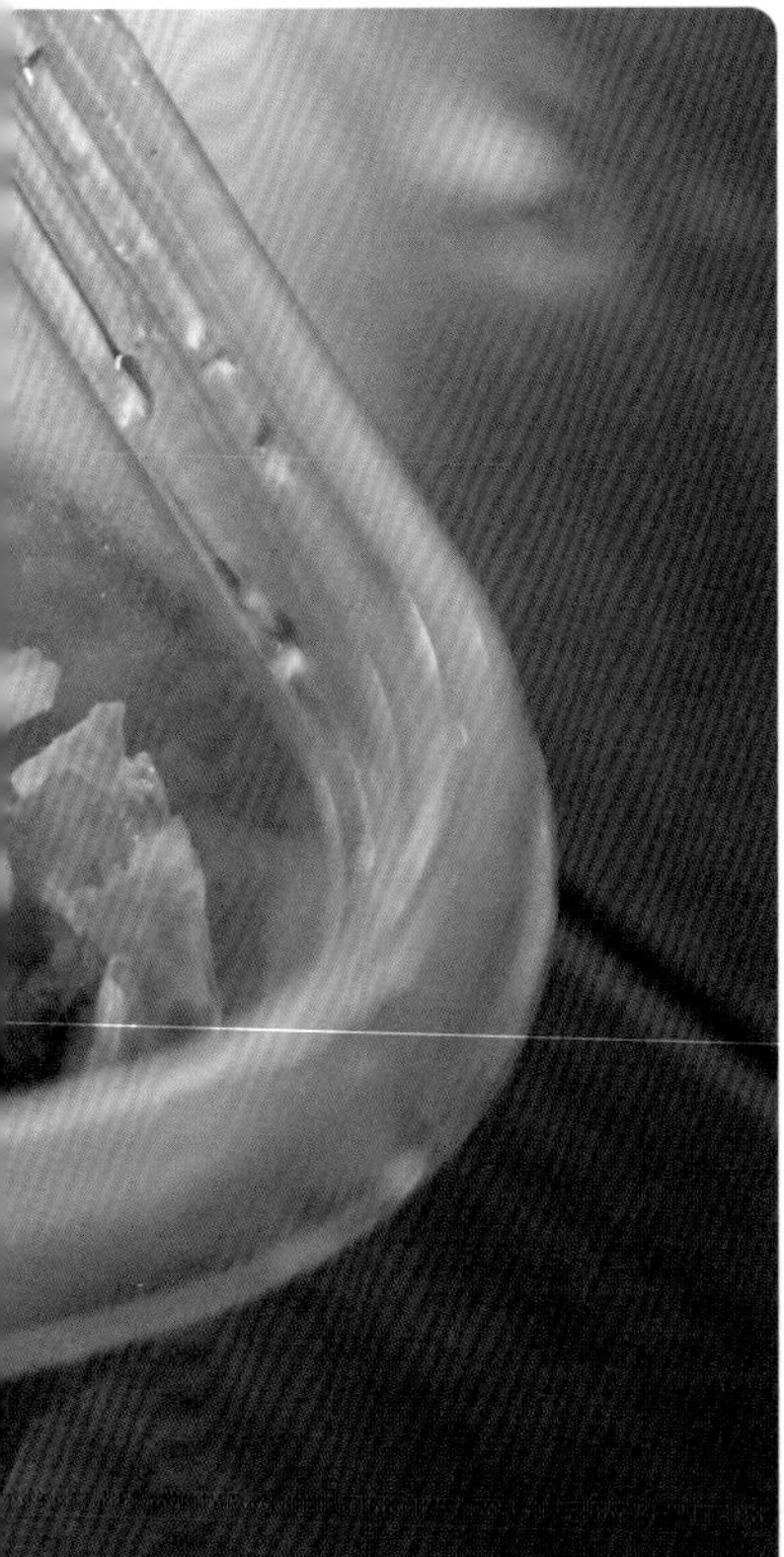

白菜漬けより塩分は少ないので、味を足しやすく、サラダやスープ、炒め物に使えます。オリーブ油やごま油とも相性抜群。バターで炒めて、チーズを加えてオムレツにするのもおすすめです。4〜5日たつと酸味が出てきますが、それもおいしいですよ。

もんだり、水けを絞ったりせず、そのまま保存容器に入れて。

塩ふり白菜

【保存の目安は冷蔵庫で7日間】

◎材料（作りやすい分量）

白菜……1/4株
塩……小さじ2

◎作り方

白菜は幅1cmに切って塩をふって混ぜ合わせ、しんなりするまでおく。清潔な保存容器に入れる。

白菜とひじきのコールスロー

カリカリに焼いたベーコンの塩けと食感がアクセントになります。ひとつの料理の中で、塩分の差があって、味がまだらになると口の中で変化がついておいしいですよ。

ベーコンは冷たいフライパンにのせ、油を入れずに弱火で脂を出しながら焼いて。

◎材料（1人分）

塩ふり白菜……1/2量（1/8株分）
芽ひじき（乾燥）……5g
ベーコン……1枚
A
パセリ（みじん切り）……大さじ2
オリーブ油……大さじ1
マヨネーズ・レモン汁……各小さじ2
しょうゆ……小さじ1/2
こしょう……少々

◎作り方

1 芽ひじきは、洗って水でやわらかくなるまで戻し（急ぐときはぬるま湯で）、水けをきる。ベーコンは、フライパンで弱火でカリカリに焼き、キッチンばさみで細く切る。

2 塩ふり白菜の水けを絞ってボウルに入れ、1とAを加え、全体を混ぜ合わせる。

白菜と鶏肉のスープ

これは、1人分より少し多めのイメージで作っておきます。
少し余っても、翌日の朝ごはんのスープにちょうどいい。

◎材料（1〜2人分）

塩ふり白菜……1/2量（1/8株分）

鶏団子

- 鶏ももひき肉……100g
- ご飯……50g
- 長ねぎ（みじん切り）……5cm分
- 小麦粉……大さじ1/2
- 塩・こしょう……各少々

ザーサイ（味つき／せん切り）……30g
にんにく（半分に切る）……1かけ分
しょうが（せん切り）……1かけ分
ごま油……大さじ1
水……2カップ
塩・こしょう……各少々

◎作り方

1 塩ふり白菜は水けを絞る。鶏団子の材料をボウルに入れてよく混ぜ、ピンポン玉大くらいに丸める。

2 鍋にごま油を中火で熱し、にんにく、しょうがを炒める。香りが出たら塩ふり白菜、ザーサイを加えて炒め、水を注ぎ入れる。

3 煮立ったら鶏団子を加えて中火で7分ほど煮て、塩、こしょうで味を調える。

最後の塩は足さなくてもOK。
味見をしてみて。

大人味の長芋ポテサラ

長芋は、生でも食べられるけれど、
レンチンするとほくほくになります。
じゃがいもより味がシンプルで軽やかに食べられるから、
大人味のポテサラなのです。
芋によって水分が違うので、様子を見ながら、
やわらかくなるまで電子レンジにかけてください。

◎材料（1人分）

長芋……20cm
細ねぎ……4本
しらす干し……1/2カップ
マヨネーズ……大さじ2
塩・こしょう……各少々

◎作り方

1 長芋は皮をむいて長さ3cmくらいに切って耐熱のボウルに入れ、ふたをして、電子レンジで7〜10分加熱する。やわらかくなったら、熱いうちにつぶす。

2 細ねぎは小口切りにしてボウルに加える。しらす干し、マヨネーズを加えて混ぜ合わせる。最後に塩、こしょうを加える。

ひとこと しらす干しの他に、ちりめんじゃこ、塩昆布、刻んだハムを入れるのもおすすめ。ちょっと塩けをプラスしましょう。

しらすによって塩けが違うので、
必ず最後に味を見てから塩を
加えて。

カリフラワーのクリームシチュー

ときどき無性に食べたくなる、クリーム味。

このシチューは、たっぷりの牛乳を煮詰めて作るので、生クリームを使っているような濃厚な味になります。

キャベツや白菜でも同じように作れるので、試してみてください。

◎材料（2人分）

カリフラワー
……………………小1個（300g）
玉ねぎ……………1個（200g）
ウインナーソーセージ
……………………………3本
じゃがいも………2個（200g）

バター……………大さじ2
小麦粉……………大さじ3
牛乳……3と1/2カップ
洋風固形スープの素
……………………………1個
塩・こしょう…各適量
パセリ（みじん切り）
……………………………適量

◎作り方

1 カリフラワーは一口大に切る。玉ねぎは薄切りにする。ソーセージは幅5mmの斜め切りにする。じゃがいもは皮をむいて半月形に切る。

2 フライパンにバターを入れて中火で溶かし、玉ねぎを炒める。やわらかくなったら小麦粉を加え、粉っぽさがなくなるまで炒める。牛乳を注ぎ入れ、カリフラワー、ソーセージ、じゃがいもと固形スープの素を加える。

3 ときどき混ぜながら、とろみがつくまで中火で7分ほど煮る。味を見て、塩、こしょうで味を調える。器に盛り、パセリを散らしてこしょうを少々ふる。

2日目はグラタンに！

残ったシチューを、翌日グラタンにするのがお楽しみ。ピザ用チーズをのせて、焦げ目がつくまで焼きましょう。

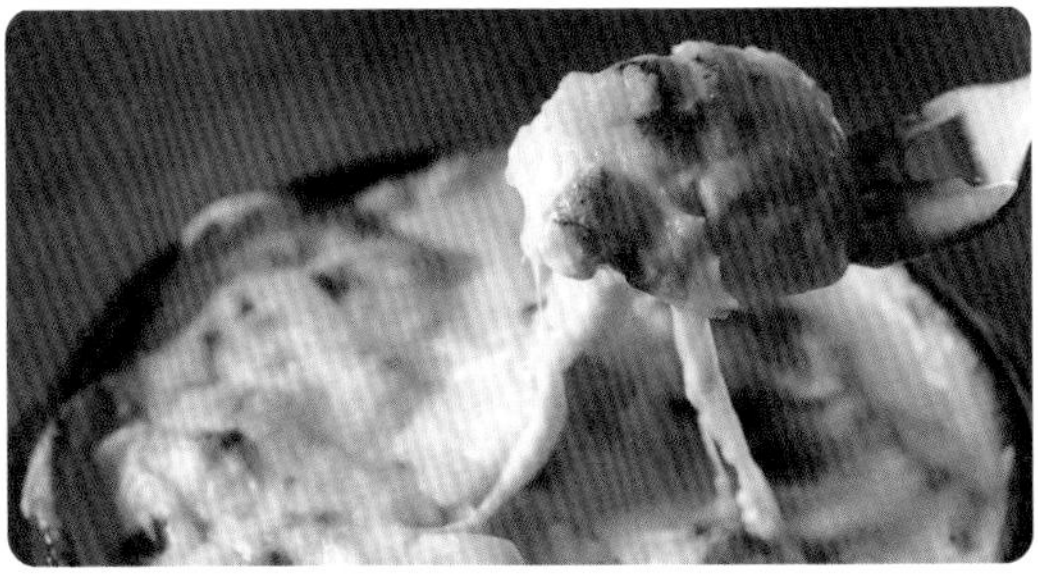

作っておくと重宝する

ちょこっと作りおき

市販の調味料に頼ってもいいけれど、使いきれないことも多いし、味が濃いめのことも多いもの。使い勝手がよくて便利な少量の作りおきと調味料を紹介します。

ねぎみそ 【保存の目安は冷蔵庫で1カ月間】

みそにねぎを混ぜるだけで、便利な即戦力になる！

◎材料（作りやすい分量）

長ねぎ……1本
かつお節……1袋（5g）
みそ……2カップ

◎作り方

ねぎを薄切りにし、かつお節、みそと混ぜ合わせる。清潔な容器に入れる。

例えば、こんな使い方

かつお節が入っているので、湯で溶くだけでみそ汁になります。ゆで卵のトッピング（P70）や、生野菜のつけだれやあえごろも、炒め物の味つけにも使えます。

ひき肉炒め 【保存の目安は冷蔵庫で3〜4日間】

ひき肉が余りそうなときは、とりあえず炒めておくといい。

◎材料（作りやすい分量）

豚ひき肉（鶏・牛でもよい）……100g
小麦粉……大さじ1
サラダ油……適量

◎作り方

ひき肉に小麦粉を混ぜる。フライパンにサラダ油を中火で熱し、ひき肉を炒める。冷めたら清潔な容器に入れる。

例えば、こんな使い方

スープやみそ汁、卵焼き、チヂミ（P16参照）、チャーハンの具など、ちょっとたんぱく質が欲しいな、うまみを足したいなというときに便利です。

切り取って貼っておくとべんり！

合わせ調味料の便利帳

保存できるものには保存の目安を入れました。
清潔な保存容器に入れて、冷蔵庫で保存してください。

〈甘酢〉

【保存】冷蔵庫で1カ月間

◎材料（作りやすい分量）

酢……1カップ
砂糖……大さじ4
塩……小さじ1/4

◎作り方

材料を全部混ぜ合わせる。

〈焼肉のたれ〉

【保存】冷蔵庫で7日間

◎材料（作りやすい分量）

りんごジュース
（またはりんごのすりおろし）……大さじ1
しょうゆ……大さじ1
砂糖……小さじ1と1/2
にんにく・しょうが（各すりおろし）・
韓国粉唐辛子……各適量

◎作り方

材料を全部混ぜ合わせる。

★肉野菜炒めの味つけに使っても。

〈だししょうゆ〉

【保存】冷蔵庫で10日間

◎材料（作りやすい分量）

しょうゆ……1カップ
かつお節……1袋（5g）

◎作り方

材料を混ぜ合わせ、冷蔵庫で一晩おく。
こして、かつお節を取り出す。

★めんつゆ感覚で使える。煮物の味つけやたれ、炒め物の味つけなどに。

〈ポン酢しょうゆ〉

【保存】冷蔵庫で10日間

◎材料（作りやすい分量）

だし昆布……5cm四方1枚
かつお節……1袋（5g）
しょうゆ……1カップ
酢……1/4カップ
柑橘の搾り汁（ゆず、レモンなど）
……1/4カップ
水……1/2カップ
みりん……大さじ3

◎作り方

材料を混ぜ合わせ、冷蔵庫で一晩おく。
こして、かつお節、昆布を取り出す。

〈酢豚＆かに玉あんだれ〉

◎材料（作りやすい分量）

酢……大さじ1
砂糖……大さじ1
しょうゆ……大さじ1
水……大さじ1
水溶き片栗粉……水・片栗粉各大さじ1

◎作り方

水と調味料を鍋に入れて混ぜ合わせ、中火にかける。砂糖が溶けたら水溶き片栗粉を加えてとろみをつける。

★調味料は全て同量の割合と覚えておけば、好みの量で作れる。
★かに玉あんには、淡口しょうゆを使うとより上品な仕上がりに。

切り取り線

瀬尾幸子（せお・ゆきこ）

料理研究家。

おいしくて簡単、飽きずに食べ続けられる楽しい料理作りがモットー。『みそ汁はおかずです』（Gakken刊）、『ラクうまごはんのコツ』（新星出版社刊）で料理レシピ本大賞・大賞を受賞。本書では、体によくて、果てしなく自由な〈ひとりごはんライフ〉を新提案。

《スタッフ》

アートディレクション・デザイン　関 宙明（ミスター・ユニバース）

プリンティングディレクション　丹下善尚（図書印刷株式会社）

撮　影　福尾美雪

スタイリング　大畑純子

イラスト　溝川なつ美

編集協力　岡村理恵

編　集　三宅礼子

撮影協力　UTUWA　電話03-6447-0070

60代、ひとり暮らし。

瀬尾幸子さんのがんばらない食べ方

発行日　2024年5月5日　初版第1刷発行

著　者　瀬尾幸子

発行者　岸 達朗

発　行　株式会社世界文化社

〒102-8187 東京都千代田区九段北4-2-29

電　話　03-3262-5118（編集部）

03-3262-5115（販売部）

印刷・製本　図書印刷株式会社

ISBN978-4-418-24302-0